カリブ海アンティル諸島の民話と伝説

テレーズ・ジョルジェル　松井裕史訳

作品社

カリブ海アンティル諸島の民話と伝説

目次

まえがき

みなさんのために子供時代の民話を収集しました。

まず、助けていただいた方々に大きな謝辞を述べたいと思います。「老農園監督」と呼ばれたおじさんの民話の翻訳を寛大にも認めてくださったバイイ氏、はげましと助言をいただいたルヴェール氏とレナール神父、この本に関心をもっていただいた島々の立派な奥方で、親愛なるエヴァとシノット、自国ハイチのフォークロアを授けてくださった修辞学の先生ユリス・ピエールルイ氏、わたしの兄弟であるルネジャン・ルグロ、ここに名前を挙げなかったグアドループ、サンマルタン、サント諸島の、貧しい人々、黒人労働者たち。ふし目がちに、穴のあいたフェルト帽を指で回しながら、青ひげの話をしてくれたユドール・ガロンに感謝、表現力豊かなものまねのグロ・レロンに感謝、ジョゼフにも、マルトにも、マリにも、ほかの人にも感謝。

ここでお読みになる民話はいつのものかわかりません。ヨーロッパから来た征服者たち、うるわしき自由なアフリカから連れてこられた奴隷たち、移住させられたクーリー、お金もうけと小さな商店を営むことにひかれて渡ってきた中国人たちとともにやってきました。島々に住みつき、休火山のふもと、集団で狩りや漁に出て穏やかに暮らしていたカリブ族の物語と混ざりました。

風車の時代、牛が引いていたサトウキビ圧搾機の時代、太鼓の音にのせた収穫期……農園で一生父権制にしたがっていた時代、海賊の時代、イギリス人やオランダ人に対して戦争をした英雄の時代、革命の時代を民話は経験してきました。

島に寄港するために世界中の海からやってきた帆船の船乗りたちの陽気な時代を経験しました。

フランス領アンティル諸島▼1は現在、フランスの県となりました。そう認知されたことによってアンティル人たちのフランスに対する愛が変わったというわけではありません。まったくもってフランスの植民地でしかなかったときから、アンティル人というのはフランスのことを口にしては「母なる祖国」と言っていました。

今日、かつての小さなロバは大きな車にとってかわり、生い茂る植生の中を通る道を駆《か》けめぐっています。歩行者も今や、カーブできるぎりぎりのバランスに挑むかのような速度で走る、人を乗せすぎの「島タクシー《タクシ・ペイ》」でしか移動しません。砂糖とラムの工場には近代的な設備が備えられ、トラックがバナナを積んで船にもっていきます。電気が「セルビ」——粗末な石油ランプのことです——「ボワフランボ」のたいまつにとってかわりました。豪華な別荘が立派な熱帯の庭園の真ん中にそびえ立ち、貧しい小屋と対照をなしています。そして花に囲まれた背の低い質素な家が集まる村に、学校や庁舎といった大きな建築物が建つのを目にしました。

このような近代化や時代の厳しさにもかかわらず、民話は残っています。というのもそこには島々の神秘や驚異が見いだされるからで、同様に島々に足を運ばずともその心地よさが感じられるからです。

サルガッソー海にたどり着くやいなや風が温かくなります。貿易風が吹き、空はラヴェンダー色の青で綿の袋のように白い大きな雲が水平線にかかり、海は深い青で、ほとんど黒なのです。日が暮れると、海は発光します。トビウオが群れになって通り過ぎていきます。

そして沖では、漁師がたったひとりだけ丸木舟《ゴミエ》に乗っているのが見えます。その姿は波間に消えてはあらわれます。上半身裸で、ラタニアヤシの帽子をかぶっています。それがすでにアンティルのもてなしなのです。それがフランス、イギリスあるいはオランダ領のアンティル人であったとしても、大きく手を振ります。近づいていくと、それは太陽と光がはじける風景で、大きな木々の深い緑のなかに小さな赤い鉛丹《えんたん》の屋根が見え、ヤシの木はゆれ、浜辺は眠っているように見えます。岸に着きました。すると生活のざわめきがあらわれます。人が笑い、声を交わし、からかい、長話をし、言い合いをして、また笑う声が聞こえます。

アンティル諸島全部が詩情と驚異に対する好みとともにそこにあって、陽気さ、無頓着さ、人の好さ、度胸のよさであふれています。まったく思いもよらなかった不思議な方法で人種が混ざり合い、同じるつぼから取り出されて、アンティルの印がついています。人はアンティルの生活にとらえられます。せかせかすることはなく、冬のない国です。

アンティル諸島では、マルチニックの詩人がこう言いました。

　今日は日曜、明日は日曜
　夏が終われば夏になる

クリスマスは野外でおどって、「アジュパ」――ココナッツの木の葉でできた小屋のことです――

の下へ涼みに行き、銀食器にのせた料理を食べ、アーモンドシロップ、タフィア、クレームドランジュをクリスタルガラスのグラスでいただきます。リトロネロの歌にあわせて「ピスタシュグリエ」や「パテトゥショ」が売られます。ただ真夜中には、神秘に満ちた完全な静けさが、島々全体を覆います。神の子が訪れるからです……

するとサヴァンナを横切る人はいません。厩《うまや》には帰らないのです。

この世の動物はすべて御子《みこ》イエスをあがめるためにひざをつきます。このとき、巨大な竹、鳥が一羽も止まらない呪われた竹だけがうめき声をあげはじめます。ひとつの光が突然輝きます。そしてその枝から、魔法の花がひとつあらわれます。しかし、その花を摘むために悪魔がそこにいて、鉤形《かぎがた》に曲がった爪をつけた指で……とりわけ度胸があるのでなければ、悪魔と花の取りあいをしには行かないものです。この花が悪魔を不死身にするのです。

アンティル諸島の生活では、民話が大きな場所を占めています。お通夜の一部なのです。民話は夜のものです。昼間に民話を語ることは決してありません。さもなければ、竹のかごに変えられてしまう恐れがあるからです。気温の高い、晴れた夜を待つのです。

民話はクレオール語で語られます。このクレオール語というのは、素朴で、軽く、色がついていて、お話に味わいを与え、あくまで翻訳ができません。クレオール語はどの島でも話され、ルイジアナまで続いています。

熱帯では夜明けもたそがれもありません。太陽は最後の輝きを数分放つと姿を消します。地上は突然暗がりに浸ります。するとホタルが舞います。コオロギが歌い始めます。地上に吹くそよ風がサヴァンナのにおいを全部運んできます。これが民話を語る時なのです。

外に腰を掛けて、年寄りの「ダー」——家族の一員である女中——を囲みます。夜冷えをしないように「バクア」の帽子をかぶっています。そしてこう語り始めます。

ボンボヌフォワ！

三度楽しいお話

それはウサギどんとアンゴラからきたゾウの話だったり、かつて風上の島々に財産を築きにやってきた、どこかの末っ子がもたらした親指小僧の物語だったりします。

笑い、泣き、身を震わせ、拍手喝采し、「ダー」と一緒に合唱します。

ときに静まりかえります。

すると「ダー」は「みんな寝ているのかい《ラ・ク・ドー》？」と声をあげます。

みんな声をあわせて「いいや、寝てないよ《ノン・ラ・ク・ドー・パ》！」と答えます。

お話は続いて……

人が怖がったり、震えあがっているのを見るのは楽しいものです。コウモリがわたしたちに軽く触れます。葉巻の火が暗闇の中で輝きます。

人は「ダー」に近づいていきます。

雲の形が幻想的なものになります。火の玉が丘の上を飛びます。それは「ゾンビ」がいるからだと思われています。

「ダー」に身を寄せると、本人も少し怖がっているのです。「ダー」はヴェチヴェル、リシン、たばこのにおいがします。
でもそれがまた格別なのです。

テレーズ・ジョルジェル

▼1　一四九二年のコロンブスによる「発見」以降、スペイン、フランス、オランダ、イギリスなどが植民した南北アメリカ大陸のあいだに位置する大小さまざまな島々。本書では一六二五年から公《おおや》けに入植を始めたフランス領カリブ海の島々が対象となる。

一　老マルヴァンの伝説

年老いたマルヴァンは、アンティルの地主の中でもいちばん意地が悪い人でした。砂糖とバニラのプランテーションに生き埋めにされた黒人は、ひとりだけではありませんでした。

マルヴァンは八十歳になりました。

その周りには、一生働きつめて、作り出せるだけのものがすべて作られました。奴隷の背中に乗せて運んできた大きい石でできた堅固な農園、台風が来ても倒れない風小屋、大理石でできた水だめ、牛で回すサトウキビの粉砕機、ラムの醸造所、ヤシの木とマホガニーの木を並木にした小道、サトウキビ、バニラ、コーヒー畑。こういったものすべてが、マルヴァンのようにしっかり立っていました。

しかしある晩、年老いたマルヴァンは死がやってくるのを感じました。明け方になって起きあがりました。

「白い雌馬《めすうま》に鞍をつけろ。寝ているあいだに死ぬつもりはない。それでも、この期《ご》におよんで死がやってくるというのなら、おひさまの下で馬に乗っているときに来るがいい」

　そして老人は体を震わせながら、息子たちを遠ざけて、白い雌馬にまたがりました。鼻息荒く、足どりも軽やかに、馬はギャロップを踏んでいきました。老人は朝のさわやかな空気を吸うと、希望に満ちている感じがするのでした。

　それは五月のことでした。鳥たちは巣を作り、カシエの木は花を咲かせ、ヤシの木は気高く、堂々とゆれていました。目の前には、丘の緑が海のように広がっていました。そして海がすぐそこにありました。

　黄金色《こがねいろ》に輝くサトウキビは、風に吹かれてゆれていました。世界は薄むらさきと青の中へ遠く続いていました。マルヴァンは、まだ先は長いのだという希望がよみがえる感じがしました。

　そして澄んだ空気の中、風の中、光の中を人生に立ち向かうように歩いていくのでした。

　すると突然、おののくマルヴァンの目に、奴隷たちの村が映りました。舗装されていない道、藁《わら》でできた小屋、月夜にたたく太鼓。そして小屋から、小屋のひとつひとつから奴隷たちが出てきたのでした……

「奴隷たちは背中にあぶみの跡がついていた」〔訳註：「鞭を受けた跡がある」という意味〕と言われています。

　マルヴァンは奴隷たちの顔を覚えていました。奴隷たちはしゃべっていました。

「ある年のクリスマスの晩、お前が蔵の壁に塗りこめたのはこの俺だ」

「縮れた毛の頭だけを外に出して、お前が生き埋めにしたのはこの俺だ。赤アリに目玉を食われた」

「俺はドマングだ。お前が杖で打ったドマングだ。体中が傷だらけになった。塩漬けの唐辛子をす

りこまれたことで一命はとりとめた。俺はまた逃げた。今度は妻と子供を連れて。川岸の近くの『穴』に逃げこんだ。思い出せ。お前が両側の出口をふさいで火をつけて、生きたまま俺たちを焼き殺したことを」

「こっちを見ろ。俺はアコロだ。森を追いかけ回されて、手足をつながれたまま昼間に真っ白に焼けたパン焼きがまの下の牢に閉じこめられた」

「忘れようと歌を歌って疲れ果てて涙が流れた。今でも骨が痛む」

奴隷たちは、みんな呪いの言葉を口にしていました。見るだにおぞましく、その死に方もおぞましいものでした。そして老人は目を開いたままこと切れました。

話はこれで終わりではありません。というのも、ホタルが星のように輝く涼しい夜、月明かりが姿かたちを映し出し、大きな影を投げかけると、年寄りのマルヴァンとその白い雌馬がしげみを駆け、山の上を飛んでいるのが見えるのです。

白い雌馬が馬小屋に帰ってくることはありませんでした。

「主人を乗せて、一緒に地獄に落ちた」と言われているそうです。

二　キュビラ

男は名前をキュビラといいました。

かなり年をとっていて背も低く、腰も少し曲がっていましたが、まだ達者でした。

誰もキュビラが何歳なのか知らず、本人も知りませんでした。おそらく八十歳か九十歳ぐらいでしょうか？

たえずひとりごとを言っては、しわしわになった古い記憶から、てんでんばらばらに思い出されるまま、ひとつひとつ思い出を口にしていくのでした。そんなおしゃべりを半年も聞けば、だいたいキュビラの一生をたどることができました。

生まれて最初はアフリカの大きな川のほとりにある村に住んでいました。そこに住んでいる人たちは農民に違いありませんでした。日も暮れると太鼓にあわせて、年寄りのしわがれ声でわけのわからない単調な歌を歌いました。故郷が恋しくなった晩、思い出にひたるのでした。

キュビラは村でのあの夜のことを思い出しました。アラブ人の騎兵たちがやってきて……

アラブ人の騎兵たちは戦士らを皆殺しにして、逃げる人たちに向かって銃を撃ちました。それで

キュビラは鉄砲が恐ろしくなりました。ピストン式の銃が遠くから鳴る音の口真似《くちまね》をして、バン！　バン！　と言うのでした。ひとさらいの場面を真似するときは、ところかまわず物陰に身を隠しました。女も老人も、子供もふくめて、海岸までひどい扱いをされながら、住んでいた人たちはみんなアラブ人たちに連れていかれたからです。

海岸に着くと、同じように捕えられたよその黒人たちと一緒にされて、村の人たちは離れ離れになりました。

たくさんの他の男たちと一緒にキュビラは大きな船に乗せられました。

キュビラは具合が悪くなりました。海と嵐が船をゆらしました。足下で船の甲板が消えたことを思い出すと、生きた心地がしませんでした。大きな船は鉄砲と同じぐらい怖かったのです。

とうとう男たちは山々がそびえたつ島のシモン岬で船から下ろされました。そこはマルチニックでした。

地主たちは黒人を奴隷として買いました。

キュビラは南のほう、デザングレ湾に連れていかれました。

主人はやさしく、農園は豊かでした。ちゃんとご飯を食べることもできました。鞭で打たれることもほとんどありませんでした。ささいなことで血が流れるまで奴隷たちが鞭打たれたり、ときにはバン！　バン！　という音が聞こえることさえあるヴィアラルソン騎士のところとは違いました。

キュビラは農園や刈り入れの活気、奴隷たちがカランダをおどる舞踏会、主人たちの宴《うたげ》、礼拝堂でのミサ、行列が好きでした。洗礼は受けましたがカトリックではありませんでした。村でもらってまだ大切に持っているグリグリ〔お守り〕に比べれば、姿形のない神様にどんな力があるというのでしょう？　それでも儀式は立派だと思いましたし、お香のにおいが好きでした。

それでも、ときどきこんな平凡な日々が退屈に思えるのでした。森を駆け回ったり、遠くに行きたいと思いました。我慢はしませんでした。他の奴隷たちと一緒にキュビラは姿をくらますのでした。

そうして、林の中や川のほとりで野生の生活をしました。盗みもしましたが、とりわけ陸のカニやマニクを食べて、タマリンドの実と木を燃やした灰で作ったビールを飲んで暮らしました。日が暮れると火をたいて、太鼓をたたいて、アフリカの悲しげなしらべを歌うのでした。

キュビラはひと月以上、外で過ごすことはありませんでした。二日立て続けに奴隷監督から鞭打ち二十発を受けるという罰のことを知っていたからです。ひと月を超えると、逃亡の罪で役場に名前を貼り出され、憲兵と犬に追われることになります。おまけに他の黒人たちも罰を受け、ひとたびつかまってしまえば恐ろしい独房に入れられるのです。

そこで賢いことに、二十九日目になると、何事もなかったように戻ってくるのでした。

するとフランスが奴隷制を廃止しました。

農園では人が逃げていきました。

たいていの黒人たちは自由になって、遠くへ去っていきました。何人かは農園を襲いました。キュビラはどうしたのかといえば、その場に残りました。不満はなく、主人たちのことも好きでしたし、この先どうなるかわかりません。もしかしたらまたバン！　バン！　があるかもしれません。

そのうち物事はもとのとおりに戻りました。

今や主人たちは給料を払うことになりました。キュビラはそんなものはいらないと思いました。土や石ころのように土地に結びついた奴隷のままでいるほうがましでした。ただ、年にひと月のあいだ姿をくらますときを除いては。

蒸気で動く機械が置かれました。キュビラはそれに目を見張りました。機械はガシャン！　ガシャン！　と音を立てて粉砕機が回りました。たったひとつだけ共和国〔奴隷制を廃止した一八四八年から一八五二年までのフランス第二共和政のこと〕よりひどいことが起こりました。反乱です。

黒人たちは野を駆け回って、強盗に入ったり、火をつけたりしました。兵隊や水兵たちがやってくると、黒人たちは丘の林の中に散り散りになって逃げ込みました。それがひと月近く続きました。毎晩、どこか遠くの農園から炎が立ちのぼるのが見えました。そして法螺貝《ほらがい》が危険を知らせるために、丘から丘へ低い音で鳴り響きました。

キュビラと他の何人かの黒人たちは農園に残っていました。酒《タフィア》の蔵に寝ていたので、八日のあいだずっと酔っぱらっていました。農園を守りにやってきた兵隊たちは黒人たちを追い払って、自分たちがそこに居座りました。農園の主人はうなだれて、魂の抜け殻のように建物の中をうろつくのでした。数日後、主人は家族と一緒に出ていって、もう戻ってくることはありませんでした。黒人たちも戻ってくることはありませんでした。そうしてキュビラはひとり残されたというわけです。黒人

キュビラは小屋と板でこしらえた寝床を捨てて、農園にある店に住みつきました。畑を垣根で囲って、少しばかり釣りもしました。不作法者を追い払い、羊泥棒には罠を仕掛けました。

そして何年かが過ぎました。

サトウキビは雑草がどんどん生えるせいで、小さくなって、なくなっていきました。機械はさび

ていきました。沼が広がっていきました。台風がありました。建物の多くが倒れ、木は根こそぎにされました。キュビラは四か月のあいだ、陸のカニと魚を食べて暮らしました。

ある日、「ベケ」〔本来、十七世紀の植民地化当初から島にいる白人領主を指すが、ここではキュビラの視点から白人の総称として用いられている〕がやってきました。新しい主人です。クーリーをふたり連れていました。

キュビラは自分のことを農園の奴隷だと名乗りました。ベケが「セック」（水も砂糖も入れていないラム）とパンとソーセージをくれました。

そのあくる日、自分の権利をちゃんと示しておくためにキュビラは姿をくらましました。二週間よそにいました。

戻ってきても殴られることはありませんでした。キュビラが罰を求めるのに、誰も鞭で打とうとはしないのです。キュビラにはわけがわかりません。この「ベケ」のことが全然わかりませんでした。建物を直したり、ガシャン！　ガシャン！　と音を立てる機械を修理したりするどころではありませんでした。牛たちがやってきて、農園に放されました。クーリーたちは馬に乗って牛と羊を追ったり、草原を垣根で囲んだりして毎日を過ごすのでした。

キュビラには仕事がありました。家畜の糞《ふん》を手押し車に乗せて、羊を入れる柵から堆肥《たいひ》を入れる倉庫まで押していくことでした。ときどきまた姿をくらますことがあっても、年をとっていたので、雨が降るとすぐに戻ってくるのでした。

キュビラは誰にも殴られないので、主人はその見返りを受ける権利があると思っていました。それで帰る前には海にもぐって、手づかみでオマールエビをつかまえて、贈り物にしました。

一度にわか雨が降ったとき、キュビラは帰ってきませんでした。

クーリーたちは心配して探しに出かけました。

三日後にクーリーたちは顔をカニに食われたキュビラを沼で見つけました。首にグリグリが残っているだけでした。憲兵隊本部はそのことを知らされてやってきました。クーリーたちが沼のすぐ隣の土の固いところに墓穴を掘って、キュビラは埋められました。

キュビラの眠る場所には、十字架ひとつありません。

三　黒人が生まれながらに不幸なわけ

はじめに神様は世界をつくりました。次に人間たちをつくりました。黒いのと、赤いのと、白いのをつくりました。そして公平になるように、それぞれに機会を与えることにしました。

そのため、同じ日に黒人と白人とムラート（白人と黒人の混血）を食事に招待しました。昼食会は聖母の家で行なわれることになりました。聖母の家はアカジュの木のよろい戸がついたこぢんまりとしたきれいな家で（聖母は地上に住んでいたのです）、周りを取り囲むベランダには、南国の花がさがっていました。

聖母は神様に失礼のないよう、外廊下にはいちばん立派な銀食器に盛った上等な食事、目を見張るようなクリスタルグラス、砂糖とバニラをふりかけたケーキといった、しかるべき用意をするかたわら、台所では土鍋《カナリ》がわいてぐつぐつ音をたて、唐辛子のいいにおいがしていました。

神様はベランダの下にいて、クルバリの木でできたテーブルの上にインクつぼとふで入れ、封をした封筒、それにふたを閉めた大きな箱を、聖ペテロの手を借りて置きました。

その日の朝、黒人と白人とムラートは胸おどらせて起きました（神様の家に招待されるなんて、そうあることではないからです）。

ベケは竹で水を引いた水ためでお風呂に入って、ベイラムで体をこすらせて、白い生地の上下揃いの服を着て、まっすぐな髪をした頭に帽子をかぶって、馬に鞍と手綱をつけるように言って、「バヴァロワズ」（香りをつけて泡をたてた牛乳にパンチをいれたもの）でも一杯やるために早く到着するつもりで出かけました。

ムラートは生きる喜びを歌い始めました。海に入りにいって、砂の上で体を乾かして、風に吹かれるブドウの木の下で横たわって、コツコツ音のする靴をはいて、絹のネクタイを探しにいって、そこに金塊のピンをつけて、丈の短い上着を羽織《はお》って、手袋を人から借りて、聖母のためにジャスミンの花束を作って、鞭を自分で作って、隣の人に借りたラバに鞍をつけず、そのまままたがって行きました。

黒人は小さな小屋にいて、風がつぶやくのを聞いていました。外で火をつけるために小屋を出ました。火が消えて冷めた石の前にしばし立ち止まって、頭のうしろをかいて、ぼんやり考えごとをして、きびすを返すと、小屋の周りの垣根から枝を折りました。それで火をたく用意をして、火をつけました。ふちがぼろぼろになった古い鍋にたっぷり水を入れて、火の上に置きました。火からけむりがのぼりました。ひざまずくとほっぺたをふくらませて、大きな音を立てながら息を吹きかけました。黒人は鼻をすすって、火に向かって声をあげました。炎があがり、湯がわき始めました。湯がわくのを見て薄いコーヒー、ティオロロをいれました。それにたっぷり砂糖を入れたあと、ちびちび飲みました。

それから長い棒の柄《え》をつけたクイ（半分に切ったひょうたん）を手に取って、雨樋《あまどい》の下に置いた桶に入れて、口に近づけると水をいっぱいにふくんで、口をすすいで、うがいをして、ほっぺたを震わせて、ひとりでハハハと笑って、顔を洗って、顔をぶるっと震わせると、偏平でごつごつして親指だけがひどく離れた自分の足に腹を立てました。

座る場所を探して石を見つけると、そこに座りましたが、座り心地が悪いので悪態をつくと、石をひっくり返し、座りなおしました。すると足を目の前にもってきて、目をぱちくりさせながら、針の先で親指の爪の下をほじくりました。ひとりごとを言ったり悪態をついたりしながらです。その顔がパッと明るくなりました。ノミを見つけたのです（小さな虫で、肌の下にもぐり込んで卵を産みつけるやつです）。針の先につけて高くかかげると、ノミを罵《ののし》って、満面の笑みを見せながら両方の親指でつぶすのでした。

穴だらけでぼろぼろながらも真っ白に輝く綿で編んだ上着に腕を通して、ドリル織の着古したキュロットをひざまでまくり上げ、ポケットから小さいナイフを取り出すと、乾燥させたたばこの葉を刻んで、たばこ入れにつめて——そのたばこ入れというのは豚の膀胱《ぼうこう》なのですが——全部まとめて白い石灰でできたパイプといっしょにポケットに突っこみました。満足げに空を見あげました。空はバラ色でした。黒人はまた笑いました。近くでやせ細った豚が、地面を鼻面で掘り返していました。黒人は勢いよく豚を蹴りあげると、小屋を開けっぱなしのままで出ていきました。

黒人は悪態をつきながら家に戻ってきました。なんてこった。ちくしょう。靴を忘れた。ひもで靴をひとつに結んで肩にかけました。

なたを振り回して木を切り倒しながら丘を駆けおりました。

畑に大きなカボチャがあるのが目に入りました。あのカボチャで聖母を喜ばせることができると思いました。右左を見て、誰もいないぞ。黒人はカボチャを盗んで持っていきました。

溝沿いにすたすたと音も立てずに道を歩き続けました。

すると目の前に、つけ払いの飲み屋がありました。ラムにタフィアがあります。中に入ると席に座って、靴とカボチャを地面に置いて「セック」を頼みました。グラスとタフィアのびん一本と、水がカラフで来ました。自分でタフィアをグラスに入れ、一息で飲んで息を吐き出すと、口を開けました。カラフの首をつかんでそのまま水を全部飲み、手の甲で口をぬぐいました。

そしてパイプを取り出してたばこをつめると、ゆっくりとたばこを吸い始めました。股を開いて放心し、至福に浸っていました。

そのあいだにベケのほうは、すでにバヴァロワズを飲み終わっていました。招待客を待ちながら、神様はベケとよもやま話をしました。トランプでひと勝負しはじめたほどです。

聖母はパンチの砂糖を溶かしていました。

ふたりの招待客は相変わらずやってきませんでした。ムラートは道すがら誘惑に出くわしていたのです。目がシャンデリアのようにキラキラ輝くかわいらしい人《ジュ・カ・クレレ・コン・シャン・デル・アン・ベル・チ・ムン》がいたのです。それで足に鎖がか《ピエ・リ・》かってしまい《ブリ・ダン・シエン》ました。ラバを止めると、かわいらしい人に声をかけて、聖母に渡すつもりの花束をあげてしまいました。

神様と聖母と聖ペテロとベケは四人ともパンチを飲みました。二時になっていて、テーブルにつくのをこれ以上待っていられませんでした。

その前に神様はベケに、外廊下にあるみっつのくじからひとつを選びにいくように言いました。ベケは封がしてある封筒を選びました。

「お前は富を引いた」と神様が言いました。

そして神様とベケはテーブルにつきました。


デザートのときになって、笑顔をふりまきあれこれ言い訳をしながらムラートがやってきました。神様は何でもお見通しなのでだまされませんでした。

育ちのいい人たちはきわめて感じよくムラートを迎え入れました。聖母は自分の右の席をすすめ、アニコク（アニスのリキュール）をグラスに注いで、かの有名なデザートを出しました。神様が言いました。

「客人、願いをかなえてしんぜようと思って呼んだのだが、何がお望みだろう？」

「わたくしは財産と知恵と美しさが欲しいです」臆面もなくムラートが答えました。

「欲張りすぎだ」神様は漏らしました。

ムラートを外廊下に連れていって、残りのふたつのくじからひとつを引くように言いました。ムラートは箱を持ちあげましたが、自分のか細い腕と手には重すぎると思いました。それでふで入れとインクつぼを選びました。知恵を引いたのでした。

黒人はたばこを吸い終わると、さっと立ちあがって姿を消しました。靴とカボチャを忘れていきました。

神様の家の近くにやってくると、太陽を見あげて、歩みをゆるめました。木の裏に隠れると、用心深く前に進みました。ついに神様のすぐ近くまでやってきました。足を止めると頭のうしろをかいて、遠巻きに様子をうかがうのでした。

聖母は黒人を見かけると叫び声をあげて、気を失ってしまいました。黒人というものを一度も目にしたことがなかったからです。神様が息を吹きかけると、聖母は意識を取り戻しました。

神様は黒人を招き入れました。黒人は帽子を脱いだのですが、その帽子ときたら丸いフェルト帽なのですが、ざるのように穴だらけでした。黒人は帽子を指にはさんで、顔の前で回しました。帽子の穴からは白人たちが座っていて、ムラートが自慢話をしているのが見えました。

黒人は馬鹿みたいに大きな口を開けて、歯をのぞかせて笑っていました。もじもじして子供みたいでした。

もらえるものといっても、残っているのは箱だけでした。

黒人は箱をゆすると重いことがわかって、大きな声で笑いました。「これがあれば金持ちになって、もう働かなくてもよくなる」

暑くて大粒の汗を流していたので黒い肌が輝いていました。大きなグラスにタフィアをもらうと、人の手を借りて頭の上に箱をのせました。

「どうも《メシ》、ご主人様《メトト》、どうも《メシ》、神様《ボン・ディエ》」と繰り返すのでした。

出ていこうとしたときに聖母が神様のほうに身をかがめて、こうささやきました。

「かわいそうだからラジアの太鼓をあげましょう」

するとペテロが、小さな樽に山羊の革を張ったラジアの太鼓を探してきて、黒人に持たせました。みんなにやにや笑っていました。黒人も笑っていました。後ずさりして出ていきながらこう繰り返していました。

「どうも《メシ》、ご主人様《メトメシ》、どうも《メシ》、神様《ボン・ディエ》」


黒人が小屋に帰ってきても誰もいませんでした。箱を下ろすのを手伝ってくれる人は誰もいませんでした。箱は地面に落ちてふたが開きました。中にいっぱい入っていた道具が散らばりました。鍬《くわ》や鋤《すき》やマユンベでした。

黒人は急にうめき声をあげると板でできたベッドに座りこんで、涙を流しはじめました。

そこへ通りがかったベケが声をかけました。

「黒人《ネグ・ラ》、おい。泣くんじゃない《エ・パ・プレ・レ》。食えるようにしてやるから」

するとあわれな黒人は、ベレの太鼓を小屋の前に持ち出すとその上にまたがって、指を細かく動かしながら、足でリズムをとり、太鼓をひざではさんでたたき始め、わが身の不幸を歌ったのでした。

それからというもの「黒人はサトウキビ畑で死ぬまで働く《ネグ・アン・バ・カン・ジュク・タン・ヨ・モ》」と言われているそうです。

四　マントノン夫人

「彼女は王様に見知らぬ新しい国を教えたのだが、
それは気がねない親しげな日常的やりとりだった」

熱帯の十二月の午後のことでした。穏やかな涼しい風が、まるい丘、海、黄土色や赤や黄色をした土の上など、いたるところで吹いていました。

フォリの丘から三キロのところにある屋敷には男がふたりいて、たばこを巻く仕事をしていました。男たちはひどく貧しい身なりをしていました。ムッシュ・ドービニエの年季奉公で、主人も同じく貧乏でした。ひとりの幼い娘が弟を連れて外に出ました。娘は手にオレンジをひとつ持っていて、それは大好きなザンジバルの甘いオレンジでした。弟のことで手を焼くと、このオレンジを弟にあげるのでした。

ふたりのお父さんであるムッシュ・ドービニエは農園の周りにある垣根でオレンジを栽培してい

ました。しかしなんということでしょう。度胸があってやり手であることは間違いないのですが、筋金入りの遊び人でした。自分と同じようなほかの農園主とともに、トロワデやファラオン、ビリビ、カンクノヴ〔賭けごと〕などをして遊んで暮らしていました。負けてばかりなのでいつも借金だらけでした。

しかしその娘、フランソワズに心配はありませんでした。よそ行きの靴ははかず、はだしでいました。そんなことは重要ではなかったのです。その小さな足は軽い足どりで土の上や草むらを進んでいきました。

顔見知りの海賊たちもはだしで歩いていました。豪華な羽根飾りをつけた帽子や大きな金リボン、絹のシャツを身につけていたにもかかわらずです。海賊たちは勝ち誇ったように陽気に笑って歌を歌い、船からおりてくるのでした。

先日はドービニエのご夫人に敬意を表して、インド産のショールとポルトガル製の小さな聖母像を持ってきました。

フランソワズは革のすね当てや革靴、ゆったりとしたシャツを身に着けて、野生の動物のにおいがする猟師《ブカニエ》たちよりも海賊たちのほうが好きでした。

それでもフランソワズは、猟師たちが驚くような食事を作ったことをおぼえていました。猟師たちは羊を燻製にしていました。つまり羊を捕まえて、内臓をとり出して、いろんな鳥をつめこんで、塩をかけて、唐辛子をぬります。そして全部ぬい直したあとで、灰と燠火《おきび》の下に埋めます。そうするとそこから出てくるのは、何という香りでしょう。

フランソワズ姉弟は母親に言われたとおりに働いて、やっと自由になりました。

「あんまり遠くへ行ってはだめよ、今日は大人たちがいないんだからね」お母さんが言いました。

実際、コンゴから来た年寄りの女奴隷が病気で、呪術師がアフリカの薬を持ってきていました。以前にフランソワズが、蛇がとぐろを巻いている穴に手を入れようとしたところ、この女奴隷はフランソワズが蛇にかまれるのを、すんでのところで助けたのでした。

女奴隷の小屋からけむりが出ると、悪霊を追い払うタムタムの音が聞こえました。

フランソワズ姉弟は、小屋の裏からこっそり抜け出して海辺に出ました。

そこから見る海は暗く荒れていました。マンスニリエの木が海沿いに生えていて、その木陰に入るだけで死んでしまうことがあるのです。どこへ行こうか？　森の中？　森に立ち入ることは禁じられていましたが、興味をひかれました。フランソワズ姉弟は少しずつ中に入っていきました。そこにはアコマの木に囲まれた小さな滝があって、まるで夢に出てくる神殿の列柱みたいにまっすぐでした。小さな滝は音をたてていました。キイチゴの香りもしました。大きく真っ赤なバリジエの花が子供たちを守るようになびいていました。つるが地面を這《は》っていました。血を出すつる、蛇みたいなつる、牛乳のような白い液を出すつるなどが、木の枝やとげのしげみにからみ合って一体となっていました。すると突然、フランソワズが叫び声をあげました。一匹の蛇がすぐそこを這っていました。腹が白くて背が黄と緑の蛇、大変だ。蛇の口には鳥を食べたときの羽根がついたままでした。

フランソワズの叫び声のあとに、長い口笛が続きました。すると蛇は催眠術をかけられたように頭を立てたまま動かなくなりました。

そこにいたのはカリブ族の人で、ルウクウを体に塗って真っ赤で、ゆでたザリガニみたいでした。カリブ族の人は蛇の頭を狙って、ギザギザの先端に毒をぬった矢を放ちました。蛇は身をくねらせて死んでしまいました。

フランソワズ姉弟は、ふたりそろって震えあがりました。蛇も怖かったのですが、今度はカリブ族の人が怖かったからです。しかしカリブ族の人たちは、フランス人たちと和平を結んだばかりでした。

インディオは姉弟の手を取ると、自分たちは仲間、前に進めと身振りでわからせました。蛇を手に取ると、肩にかついでいる「イモの棒」の先につけました。蛇の油で軟膏と媚薬を作るのです。

フランソワズは引き返して屋敷まで全速力で逃げようとしましたが、カリブ族の人に道をふさがれました。三人は一列になって歩いていくと、森が深くなりました。

やがてヤシの木、フランジパニエ、バナナやオレンジの木に囲まれた空地に着きました。カリブ族の人たちがアロエで編まれたハンモックにゆられていました。ハンモックにはどんぐり型をした緑色の翡翠《ひすい》がぶら下がっていました。カリブ族の人たちの髪は長くてつやがあって、鳥の羽根の髪飾りと、胸には三日月形の飾りをつけていました。

ハンモックの下には、蚊を追い払うための火がたかれていました。

カリブ族の人たちは笛を吹いていました。

女たちが外でせっせとつくった食事を男たちが食べ、残りを女や子供たちに残しておくのでした。唐辛子のソースで焼いた肉のいいにおいがしていました。

フランソワズ姉弟はそこでじっとしていました。カリブ族の人たちはふたりを迎えてくれました。カリブ族の子供たちはうれしくて叫び声をあげていました。

カリブ族の人たちはふたりに、アンティル諸島の果物でできたウイクというお酒を飲ませてくれました。それに花や果物、貝殻などもくれました。蛇石もくれました。蛇にかまれたところにのせるだけで、すぐに毒を吸いとってくれるのです。そして月が出る前、月のお祈りの時間の前には、ふたりを屋敷に帰してくれました。

数年後、フランソワズ・ドービニエはマルチニック島を離れました。今日、フランソワズが六歳から十二歳までを過ごした住まいはなくなりました。屋敷にはもう、土で半分埋まってしまった井戸や土台部分がぐらつく壁、パン焼きのかまどしか残っていません。

五　ジョゼフィヌ

「彼女は芸術そのものであり、優雅そのものであった」
ジョゼフィヌ・タシエ・ドゥ・ラ・パジュリ（ボアルネ未亡人）は一七九六年三月六日、シャントレヌ通りの邸宅でボナパルト将軍と結婚した。

それは紀元一八〇四年に起こった話です。夜明け《ジュ・ウヴエ》前にジョゼフィヌの乳母《ダー》マリオンは、呪術師ソンソンのところに出かけました。

丘はけわしく、足下で地面が崩れました。枝が折れる音がします。三本脚の馬か、立ちあがった棺《ひつぎ》に行く手をふさがれたらどうしよう？　マリオンは急ぎました。小鳥は夜明けの歌を歌うころ、呪術師《カンボワゼ》のソンソンの小屋が目に入るころ、ソンソンはマンゴの木の下に座り、遠くの海を眺めていました。

「おや！　マリオン、お前さん、こんな朝早くにうちに来るなんてどうしたんだい？《サ・カ・メネ・オウ・ラ・カズ・モワン・ボン・マタン・コン・サ》」

「ああ！　ソンソン、あんた海を見ているのっていうのに王様の軍艦が見えないのかい？　昨日の晩に到着して、わたしたちのところでいかりをおろしたのよ。わたしたちはたいまつを持って船長の前にいたのだけれど、服を着た船長は神々しかった。船長はイェイエト〔ジョゼフィヌのあだ名〕の知らせを持ってきたのよ」

「ねえソンソンったら。わたしはあんたにこれを話したくて待ちきれなかったのよ。もうすぐ法螺貝が丘から丘へ鳴り響いて、トロワジレの鐘がみんな低い音を立ててカリヨンを鳴らすでしょうよ。鐘の音は空まで響きわたって大勢の人の耳に届くでしょうよ。『イェイエトは女王以上だ！』ってね」

「王様の船の船長はそう言いに来てくれたのよ。船長が紙を渡してくれて、わたしは死ぬまで働かないでもお金をもらえるだろうと書かれてあったのよ。ソンソン、考えてもみてよ、これからはたばこが買えるんだよ。イェイエトはパイプの火皿《チ・キウ・ピプ》のことまで考えてくれたんだよ」

　少なくとも三日間フォールロワイヤルの町はおどりあかして、農園ではベレが聞こえることになる。

　フランスではどうだったかといえば、それは立派でした《セ・サ・テ・ベル》。

　あの娘イェイエトのために、村、町、大都市パリ、フランスすべての鐘が鳴り響きました。ベケたちは窓を開けて外の人に聞くのでした。

「何があったんだ？」

「え？　ご存知ないんですか？　クレオールのジョゼフィヌがフランスの皇后になるんですよ。イェイエトは女王以上だ！

ねえ、ソンソン、ちょっと思い出してもみてよ《ソンジュ・チ・ブラン》。悪党やならず者がマダム・ドゥ・ラ・パジュリの農園に略奪しに来たときに、誰が盗みに来たのか知ろうとして、ウフェミ・ダヴィドがトランプに「話させる」ために来たでしょう。そこに若くして離婚したイエイエトがいて、ウフェミ・ダヴィドに「わたしは宮廷に行けるかしら？」って聞くと、ウフェミはイエイエトの手をとりながら答えたわ。

「あなたは愛嬌をふりまき、みんなあなたの足元にひれ伏すでしょう」

イエイエトは素直に笑った。

「あなたは女王以上になるだろう」ウフェミはささやいた。

女王以上だよ、ソンソン。

船長はこう話してくれた。

その日、パリでは提督が乗った船に向けて大砲が鳴り響いていた。美しい女の人や着飾った立派な男の人をいっぱい乗せた馬車が黄色、紫、赤い服を着た兵隊に囲まれて走っていた。

金色に輝くイエイエトの馬車は漆黒の馬の八頭立てで、馬たちは前脚で地面を蹴って、ギャロップを踏んでいた。その中にイエイエトが！　夫の横にいるイエイエトはまるで『長靴をはいた猫』みたい。夫は羽根飾りのついた美しい帽子をかぶっていて、イエイエトはまさに聖母の生まれ変わりみたいで、ドゥ・ラ・パジュリの農園にいたときとそっくりの格好でモスリンと白いサテンをまとっていた。

イエイエトがどれだけおしゃれだったかわかる《ウ・サヴ・シ・イエイエト・テ・コケト》？

「イエイエトが貝殻の首飾り、赤と白のフランジパニエの花の冠で身を飾って、女王の洗面台に、太陽で金色に輝く髪と黒に思えるぐらい深い青の目をした顔を映しにいく姿を考えてみて」

今度こそイエイエトは抜きん出たのよ。

あの子は自分自身に挑んだ《イ・バト・コーイ・メム》のよ。

でもソンソン、むかしイエイエトがまだここにいたころのこと、わたしたちがカヌーでむかえにいって、花で飾った二輪馬車に乗るためにアブルジャンにたくましい腕で抱かれたときよりも、イエイエトは満足していると思う？

カニ《トウトウル》は海岸を真っ赤に染めると、すぐに巣穴に引っ込んでいった。イエイエトは笑ったわ。暑かったからね！

パリでは戴冠式のために、唯一赤い太陽、ドゥ・ラ・パジュリ紋章のように赤い太陽だけが照っていた。イエイエトはここの美しい太陽を思わないなんてことはないわよね《ウ・パ・ペ・ディ・モワン・ク・イエイエト・パ・ソンジエ・ベル・ソレイユ・ヌ・ア》？

そのころイエイエトは毛布みたいにあたたかく、綿みたいに白い毛皮のコートを二重に着ていた。すそがあまりにも長くて重いから、ここでは小さな天使たちが持つところを王妃様たちが持つほど。そしてフランボワイヤンの木みたいに赤いビロードのコートの上に見えるのは、金で刺繍された蜜蜂《ムシュ・ア・ミエル》。

それでもイエイエトはベト・ア・フ（ホタル）のほうが好きだった。思い出しなさいよ！　毎晩、イエイエトが駆け回って捕まえて髪の中に入れていたのを。わたしはイエイエトに何回も言ったもんだよ。

「イエイエト。ベト・ア・フに触らないで。まだ成仏されないラバ神父のさまよえる魂を探しているんだから。ベト・ア・フは神父を天国に導かなくちゃいけないんだから」

そう言ってわたしはイエイエトを天蓋つきの小さな四柱式ベッドに寝かしにいったもんだ。

それでおしまいじゃないわよ、ソンソン。いちばん素晴らしいものは隠されているもの《ラ・ブリ・ベル・アン・バ・ラ・バイユ》。いちばん素晴らしいもの《ラ・ブリ・ベル》ってのは教皇だったのよ！

聖下であり聖なる父であり、三倍神聖で三度祝福された全能の教皇本人が自らイエイエトに、ダイヤモンドと金でできたココヤシの葉があしらわれた、上に神様の十字架をのせた球がついた立派な冠をかぶせにやってきたのよ。

でも神に次ぐジョゼフィヌの夫が、妻の頭に冠をかぶせた。神様が代理として送った教皇は何も言わなかった。黙っていた《イ・ペ・ラ》。その次になってやっと教皇は教えを唱え「皇帝様《ミシエ・ランプル》」は学校にいる小さい子供みたいに聞いていた。

待ってソンソン、船長がマダム・ドゥ・ラ・パジュリのために伝えてくれたことをひとつ教えてあげるから聞いて。

「この帝国の玉座にかけて、この永遠の王国を堅固なものにし、神と夫とともに統《す》べんことを。王の王、主の主であるイエス・キリストと、その神と自らに宿る精霊とともに、この世紀の世紀にあって統べんことを《ジェジ・クリ・ロワ・デ・ロワ・セニュ・デ・セニュ・キ・ヴィ・エ・レニュ・アヴェク・ディエ・リ・ペ・エ・リ・サン・エスピ・ダン・リ・シエク・デ・シエク》」

それからすべてのろうそくが灯された。そして音楽がフランスのいちばん立派な聖堂、パリのノートルダム大聖堂いっぱいに響いた。

イエイエトの胸は高鳴った。

その晩、人々は庭でおどり、物語を語った。

「みんな眠っている《ラ・ク・ドー》のかい？」

「いいや、眠ってない《ノン・ラ・ク・ヌ・ドー・パ》」

人々は道端でおどった。

フランス中がおどっていた。

そのころイエイエトはわたしたちのことを考えていてくれたに違いない。こっちでは、小屋の前でシャシャや太鼓の音にあわせて、人びとがおどるのを望んでいたはず。それにイエイエトはその日、お祭りのあとに、ダイヤモンドの帆がついた金と銀の船に乗ってこっちにやってくるかもしれない。

豪華《ブリスカント》で、元気《ルラント》で、はつらつとして《ルボンディサント》、わたしたちを驚かさないように冠をかぶらず、むかしみたいにマドラス織のスカーフをかぶってやってきて、こっちに向かって微笑《ほほえ》むと、島の鳥のきれいな声でこんな話をしてくれるでしょうね。

「ソンソン、今晩すぐにでもこの話をあんたに全部してあげたいと思ったら寝られなくて」

「お前さんが素晴らしい話をしているあいだ、ほら見てみなさい、一度も口をはさまなかったもんだから、パイプにつめたたばこを全部吸ってしまったよ。それほどまでにお前さんの話が素晴らしかったってことだ。でもお前さんの言ったことがみんな本当だなんて、友の中の友《コンペ・デ・コンペ》で呪術の達人《メト・カンボワゼ》であるこのソンソンはだまされたりはしないよ」

「いや、それにしても素晴らしい話の中でも素晴らしい話であることに違いはない《メ・プ・アン・ベル・コント・セ・アン・ベル・コント・シエ・ドゥ・ドゥ・マ・コメ》」

六　ポカム坊や

ポカム坊やは美しい黒人の子でした。髪の毛がたくさんの小さなゼロを形作っていました。足ははだしでした。田舎の黒人《ザビタン》の子たちみたいにお腹がぽっこり出ていました。しかしポカムの表情は優しさでいっぱいで、見ているだけでみんなポカムのことが好きになるのでした。

ポカムにはお母さんがいませんでした。かわりに世話をしていた人は、ポカムのことが好きではありませんでした。ポカムよりも自分の子供たちのほうが好きだったからです。

自分の子供たちにはきちんとのりづけした服を着せて、日曜日にはミサに行かせて、守護聖人の祝日には森で乗馬をさせました。

ポカムには古着を着せて、穴が空いて風が通り抜けるズボンをはかせました。外出は決して許されませんでした。夜になると豚を豚小屋に戻したり、面倒な家事をまかされていました。ポカムが不満を口にすることは一度もありませんでした。というのも、継母《ままはは》がポカムのことをよく思っていなくても、ポカムは継母のことが心から好きで、悲しませたくなかったからです。ポカムは継母のことをお母さんと呼んでいました。

ココヤシの実をとっていたある日、お母さんは大きな袋いっぱいにココヤシの実をつめました。ポカムにそれを家まで運ばせました。

「冗談でしょう《ウ・レ・リ》？　この袋を持ちあげることなんてできないよ。ああ。お母さん、大好きなお母さん、僕のことを殺すつもりなの？　僕はもうおしまいだ《セ・デッド・モワン・デッド》。僕にはこの袋を持てない。重すぎるよ」

ポカムはお母さんに言いました。

「かわいくない子。いたずらばかりのなまけ者、悪魔にやってしまうよ」お母さんは言い返しました。


かわいそうなポカム坊や。

その日からポカムは途方に暮れていました。いつも悪魔がやってくるのではないかとびくびくしていました。夜になると古着にくるまって隠れ、そのせいで汗をかきながら、怖いのでお祈りをとなえていました。

ある月のない夜、食事中にお母さんがポカムに言いました。「ポカム坊や、スープに使う唐辛子をとってきて」

ポカムは思いました。

「つまり今夜、お母さんが僕を悪魔のところにやってしまうということだ」

ポカムは起きて秘密の隠し場所に「オレンジの種」をとりにいきました。

それは年の初めに代母からもらったオレンジからとれた種で、風習ではお守りのようなものです。

ポカムはそれを手にすると、ポケットに入れて出かけました。

外はとても暗くなっていて、ポカムは思いました。

「暗闇に黒人だから、悪魔は僕のことが見えないだろう」

しかし悪魔というのは、夜でも目が見えるのです。

そしてポカムは、谷間に生えている唐辛子のほうにおりていきました。

道は石鹸のように滑って、周りは断崖絶壁でした。蛇がくねくね動いていました。竹がきしんでうめくような音を立てていました。カブリト・ボワが甲高い鳴き声をあげていました。

ポカムには、胸がドキドキするのが聞こえました。音を立てないようにしました。息をのんで、ゆっくりと前に進みました。縮こまって片手をポケットに入れ、もう片方の手でバランスをとりました。

奥のほうに着こうとしていたそのとき、ひとつの光が見えました。ホタルでしょうか?

いいえ違います、それは火の玉でした。

光がこちらにやってきて、どんどん大きくなっていきました。

「悪魔だ、僕はおしまいだ《ミ・ディアブラ・モワン・モ》」

ポカムは世界でいちばん好きで、優しくて大切な代母のことを考えました。

ポカムはポケットにあるオレンジの種を思い出しました。それを目の前に投げると、歌い始めました。

オレンジ《ゾランジュ》、生え《プセ》ろ、生え《プセ》ろ

太った悪魔に食べられる《グロ・ディアブラ・レ・マンジエ・モワン》
神様が僕のお父さん《ボン・ディエ・セ・パパ・モワン》
僕が子供だってことを思い出せ《ソンジエ・モワン・イシュ・ボン・ディエ》

するとすぐにオレンジの木が地面から出てきました。

火の玉が近づいてきます。そしてポカムはまた歌を続けました。

オレンジ《ゾランジュ》、伸《プセ》びろ、伸《プセ》びろ
太った悪魔に食べられる《グロ・ディアブラ・レ・マンジエ・モワン》
神様が僕のお父さん《ボン・ディエ・セ・パパ・モワン》
僕が子供だってことを思い出せ《ソンジエ・モワン・イシュ・ボン・ディエ》

すると枝が生えていきました……

火の玉はもうすぐそこまで来ています。火の玉は炎を上げて燃えました。ポカムが木によじのぼると、木はどんどん大きくなりました。

ポカムは歌います。

オレンジ《ゾランジュ》、咲《フルリ》け、咲《フルリ》け
太った悪魔に食べられる《グロ・ディアブラ・レ・マンジエ・モワン》

神様が僕のお父さん《ボン・ディエ・セ・パパ・モワン》
僕が子供だってことを思い出せ《ソンジエ・モワン・イシュ・ボン・ディエ》

するとすぐにオレンジの木に花が咲きました。

火の玉は消えました。そこには太った悪魔がいました。その悪魔は、木の根元にいました。木は相変わらず大きくなっていきます。

ポカムは歌いました。

オレンジ《ゾランジュ》、実れ《ポテ》、実れ《ポテ》
太った悪魔に食べられる《グロ・ディアブラ・レ・マンジエ・モワン》
神様は僕のお父さん《ボン・ディエ・セ・パパ・モワン》
僕が子供だってことを思い出せ《ソンジエ・モワン・イシュ・ボン・ディエ》

木はすぐに大きくて立派なオレンジの実でいっぱいになりました。ポカムはオレンジを摘んで、力いっぱい悪魔に投げつけます。ポカムは木になっていく実をどんどん投げて、悪魔にぶつけます。悪魔は打ちのめされ崩れ落ちていきます。悪魔は死んだのです。

そのときポカムは天にたどり着きました。

神様はポカムをむかえ入れると、腕を広げて抱きしめます。天使はポカムを歓迎し、大天使は讃歌を歌いはじめて、守護天使はポカムに微笑みかけます。

ポカムはオレンジの木を伝って地面におりました。というのも、ポカムはお母さんのことが好きで、また会いたかったからです。

「お母さん、僕は悪魔をやっつけて神様に会ったんだ」

そのときから家族はめぐまれ、仕事も楽しみも平等に分けて幸せに暮らしました。

七　ヴァヌス坊や

テオリヌはいわゆる「洗濯屋」でした。朝は川で洗濯物を洗って過ごし、岩に向かって立って、洗濯物をひとつひとつ草の上に広げて日に当《ブラニ》て、乾かして、もっと白くするためにレモンの汁をかけるのでした。洗っては乾かし、テオリヌの持っているトレ（木でできたお盆の一種）は、その洗濯物でいっぱいになっていました。働いているあいだテオリヌがずっと歌っていたら、かわいい男の子ができました。

赤ん坊を包むためバリジエの葉を摘みに行くと、その赤ん坊が言いました。

「僕はヴァヌス」

ヴァヌスは川の中の岩にのぼり、テオリヌが頭にトレを乗せるのを助けました。ヴァヌスは水でいっぱいのバケツを手に持ちました。そしてふたりは小屋のほうへ進んでいきました。家に着くとヴァヌスは食べ物を欲しがりました。テオリヌがトロマンを作ると、ヴァヌスは笑い出しました。

「お母さん、僕は赤ん坊じゃないんだから。お腹が空いた」

テオリヌは、大きな丸皿でおいしい「フェロス」をこねました。焼いたタラを小さく切って、マ

ニオクの粉と一緒にアボカド（植物性のバター）を丸ごとひとつ、油をスプーン一杯、それから赤唐辛子を入れました。それを渡すとヴァヌスは団子にして、おいしそうに食べました。

ヴァヌスの食欲はおさまるどころか、フェロスでさらに刺激されました。パンノキの実を丸ごと飲みこみました。

ヴァヌスがたばこを吸いたいと言うので、お母さんは葉巻を持ってきました。

ヴァヌスはミシンに向かうと、自分で半ズボンを縫いました。

ヴァヌスは杖を欲しがりました。テオリヌは家の前へ行って、ハイビスカスの枝で杖を作りました。

ヴァヌスはまた高笑いしました。

庭にころがっていた長いバールを拾いあげて、それを杖にすると出ていきました。

ヴァヌスは牛が引いている荷車のそばに、霊柩車《れいきゅうしゃ》のまわりをとぶハエのような黒人の兵隊たちがいるのに出くわしました。兵隊たちは大きなフロマジェ（カポクをつける巨大な木）を荷車に積んでいました。その中には、まだ積んでいないものもありました。

「かまうな《パ・メレ》、かまうな《パ・メレ》」兵隊たちはヴァヌスに言いました。

ヴァヌスは力を見せようと歩み寄って、フロマジェの木を肩で押して荷車に載せ、その上にまたがりました。

フロマジェを荷車に載せたことを知ると、王様は驚いてヴァヌスを呼ばせました。しかしヴァヌスは命令を拒《こば》みました。

「僕に主人はいない《モワン・パ・ニ・メト》」

するとき王様は、豪華な四輪馬車でヴァヌスを探しにいかせました。ヴァヌスはそれに乗りました。

「家来たち、王様のもとへ急いで行け」とヴァヌスは言いました。


到着するとヴァヌスは言いました。

「こんにちは、王様。いいや違う。『こんにちは、陛下』」

「こんにちは、ヴァヌス」と王様は答えました。

「違います、王様、ヴァヌス殿です」

「ああ、そうだ。とても勇敢なヴァヌス殿、助けてもらえないか。わたしは鬼と巨人にそれぞれ荷車六台分の財産の貸しがある。連中は城壁の向こうにあるサント島に住んでいる。化け物に立ち向かうことができるかな？」

「何も怖いものはありません《モワン・パ・ペ・アイヤン》」とヴァヌスは王様に言いました。「ただ、山羊のことは羊には関係《ザフェ・カブリト・パ・ザフェ・》ない《ムトン》。なぜ王様が困っている《トリビュラション》ことに僕が首を突っこむのかわかりません」

「ヴァヌス殿、怖がっているように見えるのだが」

「もしそうだとしたら、神様のかみなりに打たれてしまいますように。こうなったら十二台の荷車と兵を用意してください。『血が熱い』うちに早く。そうしたら出発しましょう」

王様はすぐに頼まれたものすべてと十三台目の荷車を用意しました。

ヴァヌスはお供と一緒に草原をいくつか、浅瀬の川をいくつか渡って、丸い小山をいくつか下り、突き棒《ピクア》で牛を打って走らせました。

青々とした入り江にやってきました。そこで腕を組んで地平線を眺め、考えを集中させました。

遠く空の下に連なる灰色の山々が見えました。

「牛を荷車からはずして」ヴァヌスは命じました。「ただ全部くびきはつけたままで《ジユゲ》」

ヴァヌスは岸辺で荷車を走らせると、荷車に兵士とくびきをつけたままの牛を乗せました。そして一台ずつ海に向かって快速ボートを放つように投げました。

また自分の荷車も投げ、飛んでいるところに飛びのって、他の荷車と同時に着陸しました。

「ここで俺たちを待ちかまえているのは死だ《セ・モー・ヌ・カ・モー・イ・シ・ト》」荷車からおりた兵士たちは声をあげました。

ヴァヌスたちの前には荒れて自然のままの、うかがい知れない国がありました。再び牛を荷車につなぐと歩き始めました。

ヴァヌスは鬼のすみかを見ました。それは丘の高いところにありました。ヴァヌスは扉をたたきました。トントントントン……

「ヴァヌスだ。王様のかわりに貸したものを取り立てにきた」

すると鬼は奥さんに言いました。

「おい、お前、新鮮な肉のにおいがするぞ」

しかし扉は閉じられたままでした。

ヴァヌスはしびれを切らし、もう一度扉をたたきました。

「トントントン、開けろ、ヴァヌスだ。王様のかわりに貸したものを返してもらいにきた」

「おい、お前、新鮮な肉のにおいがするぞ」と鬼が繰り返し言いました。

クンクンと鼻でかぎながら、とうとう鬼が出てきました。鬼はヴァヌスのにおいをかぎました。

ヴァヌスは鬼をつかむと、軽々と宙でぐるぐる回しました。

「おい、お前、宝を返してやってくれ」

七台の荷車は、金塊とルビーでいっぱいになりました。

するとヴァヌスは、鬼を海に放り投げました。長い髪をした妻も、同じように海に放り投げました。それから巨人を探しに出発しました。

巨人は谷の奥に住んでいて、そこからは百メートルの高さのマホガニーが姿をのぞかせていました。そこでは蛇がパイナップルの根元に隠れていました。オレンジの花も咲いていました。

ヴァヌス坊やは巨人のすみかを見つけると、扉をたたきました。トントントン……

「誰だ？」火山が噴火するときのうなりのような、こもった声の返事が返ってきました。

「ヴァヌスだ。王様のかわりに借りを返してもらいにきた」

こう言うと、巨人が大きな腕を振り回しながら出てきて、しゃがみこんで、ヴァヌスを見つけました。するとヴァヌスは巨人の赤茶色の髪をつかんで、ぐるぐる回したのですが、あまりに速いので巨人には叫び声をあげる時間しかありませんでした。

「おい、お前、宝を返してやってくれ」

残りの荷車も、ヴァヌスのものも含め、溢《あふ》れんばかりの金や真珠、宝石でいっぱいになりました。

ヴァヌスは、地面をつついていた羽根がボサボサの鶏と角のない山羊を拾うと、悪霊《ゾンビ》から守るために積荷の上に放り投げました。

巨人が意識を取り戻して起きあがりました。ヴァヌスが息を吹きかけると、巨人は宙に舞いあがり、海のほうに飛んでいってしまいました。ドボン！　という音が聞こえました。巨人は海に落ちたのです。

ヴァヌスは巨人の奥さんも同じように海に放り投げました。水の中からサメがあらわれて、海が赤く染まりました。

積みあげられた宝はマオのつるでしっかり縛りつけられ、次いで鶏と山羊も縛りつけられました。ヴァヌスは荷車十二台を、王様のところに戻しにいきました。ヴァヌスの荷車はそのうしろに続きました。

ヴァヌスは大砲の音でみんなにむかえ入れられました。

王様はヴァヌスに娘を紹介しました。きれいなインディオの娘です。また王様は奥さんを亡くしていたので、ヴァヌスのお母さんに会いたいと頼んできました。

「少し待ってください」ヴァヌスは言いました。

急いでお母さんのもとに駆けつけると、月の色をしたドレスに着替えさせました。

そして王様がやってきて、お母さんに結婚を申し込みました。

「わたしに娘さんをくれるならばいいでしょう」ヴァヌスは言いました。

王様は娘を与えました。同じ日に、ふたつの結婚式を挙げました。

何という結婚式でしょう。法螺貝が丘から丘へと鳴りわたり、ベレの太鼓が森に響き渡りました。家々の壁にはココヤシの葉が貼られ、花で飾られ、バルコニーにはタペストリーが掛けられて、色とりどり

でした。馬に乗った人々で行列が作られました。たき火に火をつけました。新郎新婦はそれを飛び越えなければなりませんでした。ヴァヌスとインディオの娘は軽く跳び越えましたが、王様は帽子を、ヴァヌスのお母さんはマドラス織のスカーフを落としてしまいました。

王様の家の前では、集まって騒ぐ人々がありとあらゆる音を出していました。ベレの太鼓、シャシャ（くぎがいっぱい入った鉄の箱）、ミュジク・チ・ボワ・タンブ（カスタネットのようなもの）、笛、アコーディオン、トロンボーン、クラリネット。

犬には尻尾の先に鍋をつけて走らせました。

そしてなんという料理でしょう。

陸亀のモロコワにお米をそえて、クルミの味がするココヤシにつくイモ虫、荷車の車輪のような大きな砂糖菓子、ガレット・ムサシュ、フィギュ・シシ、そしてこういったものすべてが、貿易風がそよぐ大きなむしろの上に広げられました。

わたしはテーブルの下でおこぼれをちょうだいしようとしたのですが……ヴァヌスに蹴られてここまで飛んできて、このように素晴らしい話をしているのです。

八　クリストポンプ・ドゥ・ポンピナス

その女の人は女王だったのですが、落ちこんでいました。子供を欲しがっていましたが、授かることはありませんでした。女王は神様に九日間祈りを捧げました。

人々は大行列をなして、女王の強い願いを空まで届けました。

「神様は女王様に子を授けなかった《ボン・ディエ・パ・テ・カ・ヴォワイエ・イシュ・プリ》」

ひとりのおばあさんが女王に言いました。

「魚をお食べなさい。チチリという魚を。神は漁師を祝福するものです。漁師にたくさん子供がいることはご存知でしょう。チチリという魚をお食べなさい。神様がたくさん子供を授けてくださるでしょう」

女王はクールブイヨンやブラフ、アクラ（コロッケ）など、あらゆる調理をしてチチリを食べましたが、子供を授かることはできませんでした。

そこで女王はムトの泉に治療しにいきました。

「ムトの水を飲む者は子を授かる」

それでも女王には子供ができませんでした。

どうすればいいのでしょう？　女王様は人柄がよくて慈悲深い人でした。悲しげにさまよい歩き、大きな宮殿の中でも悲しげでした。子供が欲しかったのです。

女王は落ちこみ、あまりに落ちこんだあげく、ある日こう言いました。

「子供が欲しい。たとえ悪魔の子が連れてきたものでもかまわない」

すぐに、ひとりの白ずくめの男がやってくるのが女王の目に入りました。その男が言いました。

「その願いがかないますように。もしわたしの名前を言い当てられたら、赤ん坊はあなたのものになるでしょう。わたしは半年後に戻ってくることにします。もし戻ってくるまでにわたしの名前がわからなかったら、子供をふたつに裂いて、ひとつはそちら、もうひとつはこちらがもらうことにします」

女王はあまりに子供が欲しくて、この取引を受け入れました。そして翌日、女王はベッドに金色の髪をしたかわいい赤ん坊がいて、こちらに向かって微笑んでいるのを目にしたのです。


ある小さな家で、ひとりのお母さんとその息子が貧しさから抜け出せないでいました。お母さんはまるで「雄牛《おうし》」のようによく働きましたが、もうけはありませんでした。

「泣かないで。お腹は減るけどいつまでも続くわけじゃない。今日、出かけてくるよ」

「どこへ行くの、坊《パ・ニ・グロ・ボワル》や」

「知らない。でも心配しないで」

するとと母親は答えました。

「かわいそうな子《ポヴ・イシュ・モワン》、貧乏はつらい《ラン・ミゼ・レド》。でも正直者でいなさい。特にお金を借りてはいけません。借金は人を臆病にするもの。神様がお前とともにありますように」

息子は出発しました。歩いて、歩いて、歩きました。そして大きな森に行き当たると、中に入っていきました。とても暑くて、かみなりの音が聞こえました。そこで木のてっぺんまでのぼりました。そこからは、かまどの前に悪魔がいて薪をくべているのが見えました。悪魔は歌っていました。

「今日はパン焼き
明日はビール作り
三日後には女王の息子を料理
女王はわたしの名前を知らないから
クリストポンプ・ドゥ・ポンピナス」

何という発見でしょう。

息子は木からおりました。ズボンが引っかかりました。下におりるとズボンは汚れてボロボロになっていました。息子は母親のもとに走りました。

「かわいい坊や《イシュ・モワン・シエ》、何があったの《サ・キ・リヴエ・ウ》？」

「お母さん、心配しないで。きれいな服をちょうだい。また出かけてくる《モワン・カ・ルパチ》」

そしてまっすぐ女王のもとへ行きました。

女王は子供の世話に追われていました。宮殿の門はすべて開いていました。女中たちは泉の近くでおしゃべりをしていました。

息子は中に入って、女王様のもとにやってきました。女王様は驚いて、召使いたちを呼びました。

「召使いたち、どういうわけで浮浪者をここに入れたのかしら？」

その小さな男の子は女王に近づいて、女王だけに聞こえるようにささやきました。

「お子さんのためです」

すると女王は召使いたちにこう命じました。

「この子を残して、あとは外してちょうだい」

ふたりきりになると、小さな男の子は言いました。

「三日後に悪魔が、あの太った悪魔がここにやってきますよ。悪魔の名前は何でしょう？」

女王は悪魔のことをまるっきり忘れていて、唖然としました。この小さな男の子は、どうやってその秘密を知ることができたのでしょう？

悪魔の名前は……？　女王は考えました……ルロンかしら？……オメロスかしら？……

「全然ご存知ないのですか？《ウ・パ・サヴ・ピエス》」

小さな男の子は女王のひざにのり、耳元でこう言いました。

「それはクリストポンプ・ドゥ・ポンピナスです」

女王は喜びに喜びました。女王はたずねました。

「何をあげましょう？」《サ・モワン・ケ・バ・ウ》

「今日は何か食べるものをください」小さな男の子は答えました。

男の子はおいしい食事を出してもらいました。カリブキャベツ、チナンバナナ、タラ、少しばかりのタフィアでいっぱいの袋を持たせてもらいました。服は白ずくめの着替えをもらいました。男の子はお母さんのもとに戻りました。

家に着くと、袋を机の上にどさっと置きました。その顔は、新品のクラリネットのように輝いていました。


女王のもとに悪魔がやってきました。女王の子はもう悪魔のものです。

「わたしの名前は」

「ええっと」女王は悪魔に仕返しをしてやろうと思いました。「ユドールかしら？……オラスかしら？……セザールかしら？……」

悪魔はわくわくして、勝ち誇った顔《カ・フ・エ・マ・ジ・ヨ》をしました。

「さあ」悪魔は言いました。「まだ時間がかかるようなら、子供を半分に裂いてしまおう」

すると女王は立ちあがって、子供を抱きしめると悪魔を正面から見つめました。そしてはっきり《コ・コ・ジ・ュ》とこう言い放ちました。

「クリストポンプ・ドゥ・ポンピナスよ」

悪魔はうなり声をあげました。そして渦巻くけむりとなって消え去りました。

あの小さな男の子は、女王のところに戻ってきました。女王はとても幸せでした。女王は男の子にキスをして、大部屋に座らせました。そしてこんなふうに長くて、数字が書いてあって、印の押してある羊皮紙でできた手紙を渡しました。贈り物の証文でした。

小さな男の子は飲んだり食べたりしました。新品の服を着せてもらい、白い立派な帽子ももらいました。そして大きな車に乗せられました。キャデラックです。

男の子はお母さんの家にやってきました。

「お母さん、僕たちは金持ちになったよ。この紙を見て。立派な家、大きな土地だよ」

今日、ムッシュは自分の土地にいます。わたしが会いに行くと、ムッシュは扉の前で葉巻をくわえていて、こう叫びました。

「浮浪者はお断り」

そして、浮浪者に向かって犬を放ったのです……

あまりにも気取っていると思いませんか《ゾト・パ・トウヴェ・イ・トロ・コンパレゾン》？

九　青ひげ

その娘は、結婚する年ごろだったのですが、いくら素敵でお金持ちであっても求婚者をみんな断っていました。自分にふさわしい人は誰もいないと思っていました。娘はあまりに高慢だったのです。年老いた乳母は繰り返しこう言うのでした。

「気をつけなさい。悪魔か、そうでもなければ幽霊と結婚することになりますよ」

若くて格好よく、銀色の服を着た若い男が白い馬に乗ってあらわれました。その男を見かけると、すぐに娘は歌いはじめました。

ニコラばあや《ダー・ニコラ》、紳士がいるわ《ミ・アン・ミシエ》
帰るように言って《ディ・リ・パチ》、ニコラばあや《ダー・ニコラ》
あの人はいや《モワン・パ・レ・リ》、ニコラばあや《ダー・ニコラ》

金《きん》ずくめの別の男が黒い馬に乗ってきました。その男もうまくいきませんでした。

「ニコラばあや《ダー・ニコラ》、紳士がいるわ《ミ・アン・ミシエ》
金ずくめの男《イ・トゥタン・オ》、ニコラばあや《ダー・ニコラ》
あの人はいや《モワン・パ・レ・リ》、ニコラばあや《ダー・ニコラ》
帰るように言って《デイ・リ・パチ》、ニコラばあや《ダー・ニコラ》」

三人目は全身ダイヤモンドずくめの男で、赤い馬に乗ってきました。娘は会うのを断りました。

「ニコラばあや《ダー・ニコラ》、紳士がいるわ《ミ・アン・ミシエ》
ダイアモンドずくめの男《イ・トゥタン・ディアマン》、ニコラばあや《ダー・ニコラ》
あの人はいや《モワン・パ・レ・リ》、ニコラばあや《ダー・ニコラ》
帰るように言って《デイ・リ・パチ》、ニコラばあや《ダー・ニコラ》」

娘は青い歯をした男の人としか結婚したがりませんでした。
どこから来たのかはわかりませんが、優雅で豪華《ベル・ガム・プリスカン》で、青い歯をした立派な白人の男がとうとうやってきました。
その男を見た途端、娘は歌い始めました。

「ニコラばあや《ダー・ニコラ》、紳士がいるわ《ミ・アン・ミシエ》
歯が青い《イ・ニ・ダン・ブル》、ニコラばあや《ダー・ニコラ》
入るように言って《ディ・リ・アントレ》、ニコラばあや《ダー・ニコラ》
あの人と結婚したい《モワン・ル・マイエ》、ニコラばあや《ダー・ニコラ》」

男は結婚を申しこみました。そして娘のために大きな森へ行って摘んできた花やランをたくさん贈りました。

コラリヌはそれに満足しました。

「砂漠の中の小さなホオジロ《コン・アン・チ・ゾトラン・アン・テ・ブリレ》
石の下のコオロギみたいな気分《コン・アン・チ・カブリト・ボワ・アス・カリエ》」

しかし、お母さんはとても心配していました。あの男は普通じゃない。お母さんは男の紙幣から棺のにおい、墓場のにおいがすることに気がついて、娘のもとにやってきました。

「コラリヌ、これは金でできた針よ。あなたの婚約者が近くにいるときに、うっかりしたふりして針を刺してみなさい。それで傷口から血が出ればまともな人だわ。だけどもし何か、たとえば膿《うみ》みたいなものが出るのなら、それは悪魔よ」お母さんは言いました。

コラリヌは婚約者を刺しました。男の傷口からは膿が出たのでした。

コラリヌはその男のことをすっかり好きになっていたので、お母さんにそのことを言いませんでした。

「お母さん、出たのは血だったわ《セ・サン・キ・ソチ》」

素晴らしい結婚式がとり行なわれました。コラリヌは、華やかなオーケストラの演奏つきの舞踏会を開きました。

人々はカドリーユ、オートタイユをおどりました。

「男性方。女性方と手をつないで。二歩前へ。ヴァイオリンを。もう一度、シャッセ。クロワゼ。バランセ、輪になって」おどる人たちは、「プチ・フ」（ラム）の力も加わって盛りあがっていました。

「男性方、女性方を持ちあげて」

人々はビギンをおどりました。ラジアもおどりました。

帰るときになって、新婦はこっそりと別れのあいさつをしました。

三人の兄弟がいましたが、いちばん下の弟のことが好きではありませんでした。上のふたりの兄弟にキスをして、花がいっぱい咲いた小さなバラの木を指さしました。

「あれをよく見ておいて」コラリヌは言いました。「もしあの花がしおれたら、わたしの身に大きな危険が迫っているということ」

まだ小さな末っ子は、木のうしろに隠れて全部聞いていました。

コラリヌは、青い歯をした夫と出発しました。

ふたりは険しい峰の上にある立派な家の前に到着しました。ふたりはとてものどがかわいていたので、コラリヌは泉の水を大きなコップにそそぎました。青い歯をした男は二匹の鶏の首をひねって、鶏の生温かい血をすべて飲み干しました。

次に男はかぎの束を妻へと渡しました。そして小屋の扉、風小屋と小麦の倉庫の扉を教えながら言いました。

「この扉は開けてもいい、あの扉は開けないように……この扉は開けてもいい、あの扉は開けないように……この扉は開けてもいい《ウヴェ・タ・ア》、あの扉は開けないように《パ・ウヴェ・タ・ア》……」

そして男は中庭へとおりていって、お気に入りの鶏に餌をやりました。男は鶏に馬蹄釘とトウモロコシを与えました。餌をやりながら男はこう歌っていました。

「アグラム、コカム、ヴォラム
アグラム、コカム、ヴォラム」

すると鶏は一口だけ餌を食べ、ひと口ごとに水を飲むのでした。

それが終わると、青い歯をした男は馬にまたがりました。

花嫁はひとり残され、途方に暮れてしまいました。コラリヌは気が高ぶっていたせいで、どの扉は開けてもよく、どの扉は開けてはいけないのか、もうおぼえていませんでした。

コラリヌは手当たり次第にかぎを開けました。なんと恐ろしい光景でしょう。目の前には、首を切られた女たちが吊るされていました。

その中に逆さ吊りにされた女がひとりいて、まだ生きているのを目にしました。

それは悪魔の義理の母でした。

するとその女は笑ってコラリヌに言いました。

「おやおや、お前がここに来たのかい。お前のおかげでわたしが首を切られる番はまだ来ないわね。わたしはたくわえにとっておかれているんだよ。悪魔っていうのは、若くあるためには人間の血が必要だからね」

コラリヌはあまりに恐ろしくなって、血の上にかぎを落としてしまいました。すぐに拾いあげて、レモンと灰できれいに洗いました。しかしかぎは赤いままでした。

そのとき、鶏が主人である悪魔にコケコッコーと警告を送りました。それは合図でした。

悪魔は海、丘、サトウキビ畑を越えて駆けつけました。

「お前は言うことを聞かなかった。他の連中のように首を切ってやる」

そして男は、コラリヌの首を切ろうと大きな剣を振りあげました。しかしコラリヌは、神様に祈りを捧げるための時間をくれるように頼みました。

「よかろう」男は答えました。「ただし、十五分だけだ」

コラリヌは部屋へとあがりました。その前に、キリストの十字架像をちゃんと階段の下の段に置いておきました。お祈りをしていると、悪魔の義足のコツコツコツコツという音が下から聞こえてきました。

悪魔はこう歌っていました。

「塩を挽いて《ト・カ・ピレ・セル》
こしょうを挽くのは《ト・カ・ピレ・ポワヴ》
お前を食べるため《プ・マンジェ・ト》」

時間が流れて、悪魔が叫びました。

「おりてこい」

「あともう少し」コラリヌはお願いしました。

悪魔はコラリヌの部屋にあがっていこうとしましたが、キリストの十字架像が目の前にありました。

「悪魔がキリストを恐れるというのは、誰もが知っていること《トウト・ムン・サヴ・ディアブ・プ・クリスト》」

悪魔は階段の下に居座って、わめきにわめきました《カ・ゲレ・カ・ゲレ》。そのときいちばん下の弟がバラの花を見ていました。

ゆっくりゆっくり階段をおりていきました。コラリヌはあまりに恐ろしくなったので、バラがしおれていました。

「兄さん」弟は兄たちに言いました。「この一時間で、姉さんの花が小さな笛の音みたいにか細くなったよ」

上のお兄さんたちは、グルド銀貨をこめた銃をさっとつかみ取って、馬にまたがりました。

いちばん下の弟は銅の弾をつめた銃を持って、うしろからついていきました。

馬はギャロップを踏み、パカパカと音を立てました。

風が吹いて火花が飛びました《カ・フエ・ヴァン・エピ・ディ・フ》。

騎士たちが悪魔の大きな家にやってきて、目にしたものといえば何だったでしょう？　それは逆さ吊りになったコラリヌと、首を切るために大きな青いなたを振りあげる悪魔でした。

一番上のお兄さんは銃をかまえ、悪魔を狙って撃ちました。弾は悪魔をかすめて地面に転がりました。悪魔は身をかがめて弾を拾いました。

「お義兄《にい》さん、あなたの銀の銃弾はここだ」

三人兄弟の二番目の兄も悪魔を狙いました。またしても銀の弾は悪魔をかすめました。悪魔は弾をひとつひとつ拾いました。

「お義兄さん、あなたの銀の銃弾はここだ」

誰も来るとは思っていなかったいちばん下の弟が汗を流して、息を切らしながらやって来ました。そのことには誰も気づきませんでした。弟は、銅の弾をこめた銃で撃ちました。

悪魔が死んで倒れました。

ひどいにおいがあたりに充ちました。

悪魔のにおいがあまりにひどかったため、赤アリ一匹近寄ろうとしませんでした。

その夜、地面がゆれて口を開きました。悪魔は地中に戻っていきました。

その場所にはとげだらけの木、レピニが一本生えています。

十　悪魔より強い

フェフェヌは大きくはなかったのですが、とても利口でした。「やっかいな頭のよさ」でした。その目はマーモセットのようにきらきらしていて何でも見え、その耳は何でも聞こえました。

フェフェヌのお母さんは死ぬ前に、年老いたカリブ族であったお父さんの墓から持ってきた古びた金貨をくれました。

お母さんは言いました。

「この金貨を決して手離さないこと。魔力があって、守ってくれるから」

フェフェヌがマニクを捕まえようとぼんやりと歩きまわっていたある日、クリスタルでできた大きな玉で曲芸をする男に出くわしました。男はそれを高く高く放り上げていました。玉は決して地面に落ちることがなく、いつも男の手に落ちるのでした。

フェフェヌは立ち止まって《レテ・ガデ》、見つめて《レテ・ガデ》いました。前にお腹を突き出して、手をぶらぶらさせ、金貨はポケットに入れていました。

男は立ち去りました。フェフェヌはついていきました。

男は思いました。「この小さな子には主人がいないのか《チ・ガソン・ア・パ・ニ・メト》」

ああ、フェフェヌは自分に身寄りがなく、みなし児だということを十分にわかっていました。

お父さんもお母さんもいないのだと思いました。

男はその場でフェフェヌを養子にしました。

歩《ヨ・マシエ》いて、歩《ヨ・マシエ》いて、歩きました《ヨ・マシエ》。ふたりは森の黒人《ネグ・ボワ》に出会いました。

それはそれは大きくて、それはそれは太っていました。

その黒人はフロマジエ（巨大な木のことです）みたいでした。黒人が歩くと地面がゆれました。

三人はまるで待ち合わせていたかのように、同時に立ち止まりました。

大きくて太っちょな男は自己紹介をしました。

「俺は山こわしだ」

そして三人は道を行きました。

歩《ヨ・マシエ》いて、歩《ヨ・マシエ》いて、歩きました《ヨ・マシエ》。サトウキビ畑にサトウキビ畑、そしてまたサトウキビ畑……

そよ風が吹くとサトウキビは音を立て、遠くに見える海は菫色《すみれいろ》をしていました。

歩《ヨ・マシエ》いて、歩《ヨ・マシエ》いて、歩きました《ヨ・マシエ》。憲兵の帽子みたいにとんがった丘のふもとまでやってくると、目の前には工場がありました。

そこには大きな建物がそびえていました。工場は勝手に動いていました。中は空っぽでした。それは悪魔の工場でした。ラムやサトウキビの搾《しぼ》り汁やタフィアのにおいがしました。

三人は中に入ると、工場を自分たちのものにして、昼ご飯の用意を始めました。

火をつけて、鶏を絞めると、十二時の鐘が鳴りました。

十二時だ！　悪魔がやってくる！　悪魔は三人の姿を目にしました。

曲芸師は悪魔を手玉にとってやろうとしましたが、悪魔のほうが強かったのです。曲芸師をホイ！　と殺してしまいました。悪魔は曲芸師を頭の上に放り投げ、遠く遠くの地中にある自分の家に投げてしまいました。

山こわしが悪魔に近づきました。悪魔は身震いをし始めました。戦《ヨ・グメン》って、戦《ヨ・グメン》って、戦《ヨ・グメン》いました。

結局悪魔のほうが強くて、山こわしをホイ！　と倒しました。悪魔は山こわしをつかむと、遠く、とても遠くの地中にある自分の家まで投げてしまいました。

そして残ったのは小さなフェフエヌです。

フェフエヌは「ベク・メール」（ノコギリの歯の形をしている、メール・バラウという魚で、頭には毒があるので、傷つけられると命の危険があります）を手にしました。

フェフエヌは悪魔の体をアリのようによじのぼって顔のところまで来ると、ベク・メールでブスリと悪魔の両目を指しました。

悪魔は視界が赤くなってわめきました。フェフエヌを捕まえようとしましたが捕まりません。フエフエヌは梁《はり》をつかんでぶら下がりました。

悪魔は嵐に吹かれたかのように体をふるわせました。地団太を踏みつつ、かみなりのようにうめきながら去っていきました。

小さな少年だけが残りました。

フェフエヌは天井から落ちました。悪魔が残した血の跡をたどって後を追いました。血の跡は赤アリの巣につながっていました。

フェフェヌはアリの巣の中をくだっていって、細い通り道をかき分けていきました。地の底につきました。目の前にきれいなお城がありました。中に入ると、部屋から部屋を抜けて扉を全部開けました。

見たものは死体の山……みんな悪魔が殺した人たちでした。曲芸師と山こわしが息絶えて横たわっているのも目にしました。

フェフェヌはふたりの耳元に近づいて、そっと神の祈りを捧げました。

もう一度仲間のほうを見ましたが、完全に息絶えていました。それからフェフェヌは悪魔に「モンダングの木」でとどめを刺すと、舌を切りとってポケットの中に入れました。

フェフェヌはカバンを宝でいっぱいにしました。金貨や真珠、ダイアモンドです。ただ、自分が来た道がわからなくなりました。

小さいロバを見つけて背に乗りました。ロバが出口まで連れていってくれました。ようやく地上につきました。工場のところに戻ってきました。タービンが回り、シロップが煮えてわき立ち、工場全体が低い音をたてていました。

フェフェヌは小さいロバをそこにとどめておきました。

大きな地獄の石を手に取ると、赤アリの巣の上に置いて悪魔が出られないように固く閉ざしました（悪魔のことだから、何があるかわからないのです）。

今やフェフェヌはムッシュになりました。ムッシュは結婚して、たくさんの子供がいます。

フェフェヌのもとで何人かの黒人が働いています。牛たちもそのリズムと声に従います。そして、ムッシュがアメリカの車で通りかかると人はこう言います。「あの旦那はお金持ちの旦那で悪魔よ《ミシエ・タ・ア・セ・ミシエ・ラジャン・ミシエ・プリ・フォ・》りも強い《キ・ディアブ》」

フェフェヌはお母さんがくれた金貨に時計用の太い金の鎖をつけさせて、刺繡されたベストの上にいまでもたずさえています。

十一　シネル

シネルにはお父さんもお母さんもいませんでした。身寄りもなく、七人の兄弟たちと森の奥深くにある小さな家で暮らしていました。

シネルと兄弟たちは辺鄙《へんぴ》なところに住んでいました。だから町へ行くのはひと苦労だったのです。シネルたちの家には火打ち石もマッチもなかったので、兄弟たちはシネルに火の番をまかせていたのでした。

シネルは料理を終えると、燠火にちゃんと灰をかぶせました。

それでも、あらかじめ定められた不幸を避けることはできません《ジユ・マル・パ・ニ・プラン・ガド》。

ある日、シネルは燠火に灰をかぶせるのを忘れ、家にいた子猫がちょうど三ツ石のあいだの火におしっこをしてしまいました。

シネルは家に帰ってくると、火が消えている《ディ・フエ・ア・モー》ことに気づきました。

神様！　神様！　どうしましょう。

シネルは外に出ていきました……

歩いて、歩いて、歩きました。

遠くに小さな明かりがあるのが見えました。明かりのほうへ向かっていくと、一軒の小屋の前にやってきました。

小屋の中には、たばこを吸っているおばあさんがひとり座っていました。その人は悪魔のお母さんでした。シネルは少しばかり火《チ・ブラン・ディ・フェ》を分けてもらえないかたずねました。

「火をあげたら、何をくれるんだい？」悪魔のお母さんが言いました。

「おばあさん、何を差しあげましょうか。わたしには兄弟が七人もいて、めぐまれていないので何もありません」

「しようがないね。何もないというのなら、こうするのよ。家に帰ったら部屋の壁に穴をあけておく。ちょうど指が通るくらいの小さい穴をね。寝るときにそこに指を通しなさい。わかったね。何でもないことだから。でも絶対に誰にもそのことを言うんじゃないよ」

その晩、シネルの兄弟たちが帰ってくるとちょうど晩ご飯ができていたので、みんな火のことは知りませんでした。

何日かすると、シネルはみるみるやせていきました。

「どうしたんだい？」兄弟たちが言いました。「食べたり飲んだりしているのに、火がともったろ《シル・キ・リ》うそく《ユメ》が溶けていくみたいじゃないか」

兄弟たちにはちっともわかりませんでした。

とうとうシネルは弱って寝こんでしまいました。兄弟の末っ子をそばに呼びました。そして毎晩、悪魔のお母さんが来て指を吸われていることを話しました。シネルの若さはそのようにして、悪魔のお母さんに吸いとられていたのでした。

今度は末っ子が兄弟たちにそのことを伝えました。

夜がふけると、七人の兄弟は包丁を研ぎ、家のそばでそれぞれ待ちかまえていました。悪魔のお母さんが家にやってくると、兄弟たちはやっつけて手足を引きちぎり、バラバラにして捨ててしまいました。

でも残念ながら、それは悪魔のお母さんではありませんでした。

その晩はちょうど、自分のかわりに娘を行かせていたのでした。


その次の晩、悪魔のお母さんは家のまわりにまたやってきました。そこで残った娘の死骸を拾い集めました。悪魔のお母さんはその死骸で櫛を作りました。

それから物乞いに姿を変えて、シネルに櫛を買わないかと差し出しました。

シネルは物乞いを喜ばせてあげようと、ひとつ買ってやりました。

その櫛でシネルは兄弟のひとりの髪をとかしました。

すると兄弟は羊に変わってしまいました。

また別の兄弟の髪をとかすと、またしても羊に変わってしまいました。

そうして兄弟みんなの髪をとかしてしまったのです。

七人の兄弟はこのようにして七匹の羊になりました。本当に何という話でしょう《ミ・ビフン・ミム》。

羊になった兄弟たちは、シネルのまわりをグルグル回るのでした。そして「メエ、メエ、メエ……」と一日中鳴くのでした。

シネルは途方にくれました。そして食べさせてやるものを探しに出かけることにしました。シネルは甘いつる植物を持って帰りました。草を選んでやりました。シネルはもう料理もせず、グアバやイカコを食べるようになりました。シネルはさらにやせてしまいました。

羊たちは退屈していました。シネルは羊たちを森に連れていくことにしました。

王様がシネルに出くわしました。「七匹の羊を引き連れて、娘さん、こんなところで何をしているんです？《サ・ウ・カ・フエ・コン・サ・シエ・ドウドウ・エピ・セト・ムトン・ア・ラントウ・ウ》」

そこでシネルは王様にことの顚末を話しました。

王様はシネルに結婚を申しこみました。シネルは、七人の兄弟である羊を決して殺さないことを条件に受け入れました。

シネルが王様のお城にやってくると、そこには悪魔のお母さんがいました。王様が女中として雇っていたのです。

しかし、お城では何事もなく時間が過ぎていきました。

シネルには赤ん坊ができました。

王様が遠出をした日、シネルは中庭におりて散歩をしました。ちょうど井戸に覆いかぶさるザクロの木に、よく熟れた実がなっているのが目に入りました。

シネルはザクロがどうしても欲しくなり、とってくれるように女中に頼みました。

「いいえ」悪魔のお母さんが言いました。「自分でとったらどうです」

シネルが実をとろうとして井戸の縁石にのると、悪魔のお母さんが押しました。そしてシネルは井戸の底へ落ちてしまいました。

悪魔のお母さんはすぐにシネルの部屋に行くとよろい戸を閉め、暗がりの中で服を脱いで、レースの寝床に横たわりました。

王様は帰ってくると、妻が寝床にいるのを見て驚きました。

「とても気分が悪いの」悪魔のお母さんが言いました。「おいしい『パテ・アン・ポ』が食べたいのだけれど、それにはよく肥えた羊がいるのよ」

そう聞くと、王様は妻が本当に病気になってうわごとを言っているのだと思いました。

「愛しいシネル、七匹のうち一匹さえも殺さないと誓わせておいて、その約束を破ることはできない。何か他のものをあげましょう」

「いやよ。肥えた羊が欲しい。このままだと死んでしまうけれど、それがあれば助かるわ」

王様は困り果ててしまいました。身を引き裂かれるような思いで、いちばん肥えた羊を殺すようにと命令しました。

そして羊たちのいる柵の扉を開けました。

羊はみんな逃げていき、井戸の周りに駆けつけました。召使いがうしろから追いかけました。

「メエ、メエ、メエ」羊たちは鳴きました。

羊たちはどんどん速く走り始めました。

捕まえられるということがわかると、突然、肥えた羊が歌い始めました。

「シネル、シネル
王様に食べられる
シネル、シネル
王様に食べられる」

他の羊たちも声をあわせて歌いました。

「王様に食べられる
王様に食べられる」

すると、井戸の底から声が返ってきました。

「大丈夫、大丈夫よ
王様は約束した
大丈夫、大丈夫よ
王様は約束した」

恐ろしくなって召使いが王様に知らせに行くと、王様がやってきました。

井戸の中へおりると、シネルと真っ白な子供が見つかりました。そしてシネルを救い出しました。

シネルはすべてを話しました。

「悪魔のお母さんをどうしてほしい？」王様が聞きました。

「何も」シネルは答えました。「ただ、兄弟たちを元に戻させてほしい」

そこに老婆がやって来ました。羊のそれぞれの頭から金の留め金をとりました。するとすぐに羊がそれぞれ男の子の姿に戻ったのです。

それから王様は、七人の兄弟に豪華な夕食をふるまいました。わたしはテーブルの下にいて、骨を食べていました。

デザートのときに、誰かが年老いた悪魔のお母さんを台所に探しにいきました。そして、牛につける車のうしろにつないで、八つ裂きにしてしまいました。

十二　美しい娘は桶の下

あるお母さんには娘がふたりいて、ひとりは名前をテレバンティヌといいました。もうひとりはセセンヌで、いつも火元の近くにいて灰をかぶっていたからです。食事の準備からお皿洗い、畑仕事にいたるまでこのセセンヌがこなしていました。

セセンヌは働けば働くほど、美しくなりました。しかしお母さんはセセンヌのことが好きではありませんでした。お姉さんであるテレバンティヌのほうが好きだったのです。それはセセンヌの生まれた日に、女の悪魔がやってきたからだとお母さんは話すのでした。

セセンヌの洗礼の日のこと、祝福に集まった人たちがみんなでおどっていると、並はずれて美しい女が訪れました。その女が足を洗えるかたずねたので、その土地ではそうするのがならわしだったように、女に大きな赤土のつぼを渡しました。するとカチン！　とひびが入る音が聞こえました。

「何でもない《カ・パ・アイヤン》」女は言いました。「音がしたのは腕輪よ」

それから女は古びた金の大きなアクセサリーを身につけ、おどりの中へと入っていって、羽目をはずしていました。

女は赤ん坊のセセンヌを抱いて、朝までおどりました。

朝になると、みんな帰っていきました。女も同じように帰りました。しかし女は代母の近くを通りかかると、スカートのすそを持ちあげてゲラゲラ笑いだしたのです。左足のかわりに、馬の蹄《ひづめ》がついていました。

女が足を洗ったあの赤土のつぼには、蹄の跡が残されていました。

ある日の朝、セセンヌは畑仕事に行きました。

「サトウキビをナイフで切って《カ・クプ・カンヌ・エピ・クトラ》
強い陽射しの中で歌って《カ・シャンテ・アン・バ・ソレイユ・ショ》
ロバに荷をのせて《カ・シャジエ・ブリク・ラ》」

そこを、立派な男の人が通り過ぎました。馬に乗った男の人です。

セセンヌはサトウキビをナイフで切りつづけていました。バクア帽をかぶって、マドラス織のスカーフを腰に巻いていました。そしてせっせと働きながら、流行《はや》りの歌を歌っていました。

「アブラハムさまお助けあれ《アブラアム・スラジエ・モワン》
ああ《ヨ》、ああ《ヨ》、ミシエルの旦那様《ミシエ・ミシエル》
ミシエルの旦那様は二フランすら返さない《ミシエ・ミシエル・パ・レ・バ・デ・フラン》

お金のないお母さんが認めない《ママン・ラ・グレヴ・バレ・モワン》」

そこで男の人が止まり、馬からおりて、セセンヌに近づき、見て思いました。

美しい瞳《ベル・ジュ》、美しい髪《ベル・シュヴ》。

男の人は手に鞭を握りしめたまま、セセンヌをじっと無言で見つめていました。

セセンヌは男の人にじっと見つめられて、歌うのをやめ、おずおずして、驚いたような顔をしていました。

そして男の人は、馬に吊るしていたハイビスカスの花束をはずすと、セセンヌの前に歩いてきて、バクア帽にその花をそっとつけてやりました。

「美しいお嬢さん《ラ・プリ・ベル》、あなたの名前は《キ・ノン・ウ》？」

「わたしの名前はセセンヌです」

「どこに住んでいるのですか《エ・テ・イ・ウ・カ・レ・テ》？」

「旦那様、わたしは十字路のところに住んでいて……そこには大きなミルラの木があって、その下に聖母マリア様の礼拝堂があります」

「わかりました。では、明日あなたのお母様のところに伺います」

男の人は馬に乗ると、姿を消しました《ディスパレト・プラン・リ》。

セセンヌは、夢を見たのではないかと思いました。しかしこれは夢ではありません。まさにバクア帽には、赤いハイビスカス、桃色のハイビスカス、そして真っ白のハイビスカスがのっているからです。

ロバが鳴き始めました。家に戻る時間でした。

セセンヌはサトウキビと藁の荷をロバに乗せましたが、まわりはもう暗くて、足下しか見えません。

「さあ行け、ロバ！」セセンヌは言いました。

ロバは足早に歩き出しました。セセンヌは尻尾をつかみ、そのうしろを歩きました。

セセンヌは家に着くと、馬に乗った立派な男の人が来ることをお母さんたちに伝えました。

しかし、お母さんにはひとつの考えが浮かびました。結婚の幸せをテレバンティヌに渡してやるために、セセンヌをかくしてしまうことです。

翌日、男の人は馬をギャロップで駆って颯爽《さっそう》とあらわれ、セセンヌの小屋のちょうど前に馬を止めました。

男の人はミルラの木に馬をつなげました。馬の蹄には蹄鉄がつけられていなかったものの、くつわは金でできていました。

お母さんは戸口にいました。近くにはテレバンティヌもいます。

テレバンティヌは、しっかり糊づけされた真っ白なドレスを着ていました。そして真っ赤なアルパガト（エスパドリーユの一種）をはいていました。

家の玄関は、きれいに掃いてありました。

男の人は近づいて、帽子を手に持って、紳士的《オネトテ》にあいさつをしました。しかし、セセンヌは見当たりませんでした。

「セセンヌはどこでしょう？」

「セセンヌはここにはおりません。代母に会いに行っておりまして」お母さんは答えました。

「代母に会いに行っているとはどういうことでしょうか？　わたしは今日ここを訪ねると言っておいたはずなのに」

「セセンヌは悪い娘でがさつで役立たずで、だから出かけていったんです。幸いテレバンティヌがここにいてくれるのが、せめてものなぐさめなんですけれど」

そしてテレバンティヌは、自分の優雅さを見せつけました。男の人に手を差し出し、農園をひと回りしましょうと誘いました。

男の人はそうしましたが、残念で悲しくなりました。鞭を宙で大きく振りました。セセンヌの、蜂蜜のように甘い瞳を思ってです。

テレバンティヌはバナナ園、パンノキ、バニラ畑、オレンジの木々、そしてユリの花畑を見せました。

男の人はうわの空で、心はずっと抜け殻のようでした。

すると男の人はふと一羽のオウム、ジャコさんを見かけました。そのオウムは枝から枝へ、男の人のうしろをついてきて、突然叫びはじめました。

「美しい娘は桶の下《ラ・プリ・ベル・アン・バ・ラ・バイユ》！　美しい娘は桶の下《ラ・プリ・ベル・アン・バ・ラ・バイユ》！」

「あのオウムは何を言っているんだ？」男の人はテレバンティヌにたずねました。

「くだらないことですよ。あのオウムは頭がおかしいんです。あっちへ行けジャコ、ほら、あっちへ行け！」テレバンティヌは叫びました。

そして、オウムに向かって石を投げました。

オウムは逃げていきましたが、桶の上にとまりました。すると、オウムはまた大きな声で叫びました。

「美しい娘は桶の下《ラ・ブリ・ベル・アン・バ・ラ・バイユ》！　美しい娘は桶の下《ラ・ブリ・ベル・アン・バ・ラ・バイユ》！」

男の人はそれを耳にすると、桶を見て、持ちあげました。

その下にはセセンヌがいました。はだしで、壁の色をしたぼろぼろの服を着ていました。

セセンヌは微笑みました。男の人はセセンヌに口づけをしました。馬に乗せてやると、鞭をかかげ、自分も馬に乗りました。馬はギャロップで遠くに消えていきました。

オウムが馬のうしろを飛んでいきました。

十三　パンプルネル

小さくてまずしいけれど、周りに大きい木と花があってきれいなその家には、病気のお母さんがいました。

近所の人はお母さんを助けてあげようと思って、あらゆることをしました。チ・ローズ・コンゴはタフィアとあたたかい油でマッサージして、「フイユ・アン・バ・グレン」という湿布を貼ってあげました。チ・ローズ・コンゴは、お母さんには死んでほしくありませんでした《パ・ヴレ・ラン・モー・ヴィニ》。水に粉を入れて飲ませましたが、病気は治りそうにありませんでした。

サンフォリズを助けに呼びました。

サンフォリズは病気のお母さんのために、あらゆる魔法の草を使って薬湯をわかしました。そしてお母さんをお風呂に入れ、特別な風呂にあわせてお祈りを唱えました。しかし効果はありませんでした。

どうしたらいいのでしょう？

チ・ローズ・コンゴは、魔法使いに相談しに行きました。

魔法使いは、刺繍《ししゅう》、花、灯りで飾られた祭壇の前で神がかり状態になって、病人は「送り病《マル・ヴォオワエ》」という病気にかかっていると告げました。その病気を治すのは、ずいぶん前から見つからなくなった植物を見つけないかぎり無理でした。病気を治す霊薬を作るための、パンプルネルという植物です。

チ・ローズ・コンゴは、病気の母親の子供たちを呼びました。エピファニとクレリです。

「子供たちや、お母さんを助けることができるのはあなたたちだけ。森、道、大地、空、海を駆けめぐって、急いでパンプルネルの枝を持ってくるのよ」

エピファニはくだらないろくでなしでした。クレリは粟《あわ》のような色の長い髪をした心の優しい若い娘でした。

ふたりはすぐに出発《パルタント》しました。落ちあう場所を決めたあとに、エピファニは北のほうへ、クレリは南のほうへ向かいました。

エピファニはけもの道《トラス》を通って、山のふもとに分け入りました。木が凱旋門みたいに枝を広げて、鳥たちが歌い、エピファニは口笛を吹いていました。

長いあいだ歩いて、森の中に入りました。前に進みながら、蛇を追い払うために歌いました。

「アグル、アグル、ビム・ボロ！」

長い葉をしたバリジエ、鬱蒼《うっそう》とした竹林。木のようなシダ、地面に垂れるつると地面から木をのぼっていくつたが手に手を取りあうあいだを歩いていきました。

エピファニが腐葉土の中に足を突っこむと根っこが足に当たって、足を滑らせるたびに木につかまるのでした。

探しに探しましたが……何も見つかりませんでした。

灰をかぶったカルベの峰々が遠くに見えました。その反対側にはサンピエールの町がありました。

サンピエールまでのぼっていくことにしました。もしかしたら、火の山の上でパンプルネルがみつかるんじゃないだろうか？

しかしサンピエールにつくと、夜になっていました。

下から火山を見あげました。火山は眠っていました。そして山の上でラバ神父のランプが見えました。ランプは行っては戻り、隠れてはまたあらわれました。あたりはラバ神父の亡霊にとりつかれていたのでした。山にのぼるような時間ではなかったのです。

翌日エピファニが目を覚ますと、町全体が歌っていました。物売りの女たちはトレーを頭にのせて、声を張って繰り返していました。

「ココはいかが《ブエ・ココ》！　ココはいかが《ブエ・ココ》！」

泉と道の両脇を流れる水が、ゴロゴロ音を立てていました。海の上には、鳩たちが飛んでいました。

そしてまもなく、通りは音楽であふれました。カーニヴァルです。エピファニは引き寄せられました。

エピファニは熱狂する民衆と一緒になっておどりました。

悪魔は小悪魔たちの中から選ばれました。

ああ！　悪魔の赤い衣装や赤い手袋や赤くて大きな長い長い尻尾はなんて美しいんだろう……悪

魔の頭はライオンに似ていました。雌山羊の毛皮のたてがみと雄山羊の角でできていて、まわりにたくさん小さなガラスがついていて……

エピファニは他の五人の小悪魔たちと一緒に尻尾をつかんでいました。悪魔は歌っていました。

「悪魔が川を渡る……」《ディアブ・ラ・カ・パセ・ラ・リヴィエ》

小悪魔たちは、声をあわせて答えました。

「ロイ、ロイ、ロイ、ロイ、ロイ」

「子供たち《ザンファン》よ、悪魔はどこだ《エチ・ディアブ・ラ》？」

「悪魔は外だ《ディアブ・ラ・デロ》」

そして、悪魔がいい子にしていない子供たちを探しにきました……

「悪魔は小さい子が欲しい《ギイアブ・ラ・カ・マンデ・アン・チ・ママイユ》！」

小悪魔たちが答えました。

「肉は食べて骨は残せ《マンジエ・ヴィアンド・レセ・ソ》」

子供たちはみんな怖がって、悲鳴をあげながら身を隠しました。エピファニは歯をむき出しにして、鼻の穴を鉄砲の銃口《コン・カノン・フィジ》みたいに丸く開いて笑いました。

エピファニは、お母さんのことを忘れていたのです！　そうこうするあいだ……

クレリはトロワジレのトルオシャを通り過ぎていました。ジョゼフィヌ・ボアルネが生まれたところです……

花の咲いたカシエの木の下に、小さな聖堂があるのを目にしました。そこでひざをついて祈りました。

ペルーの丘の風車を通り過ぎました。青い木が生えていて、自分の髪みたいに黄色い草原を通り抜けました。

素晴らしいものをたくさん目にしましたが、パンプルネルはありませんでした。

「司祭の帽子」という大きな木の木陰にやってきました。

アカジュの木でできたよろい戸のついている、古い教会が見えました。そして十字架の下で眠りにつきました。

相変わらずパンプルネルはありません。

翌日もクレリは歩き続けました。お腹がすいたのでグアバとポム・カネルを食べ、サトウキビを吸いました。

ヴァル・ドールで農園の正面に出ました。切り出した石でできた家の前には日陰をつくる四本の立派なマプの木があって、猿が鎖でつながれており、バルバリアの大きないちじくの木があり、白いキジバトがいて、つるの緑に覆われたあずまやがありました。

「ここでパンプルネルがみつかるかしら？」

クレリは興奮で胸がいっぱいになって前に進みました。もし犬がいたら？

そこにいた年老いたベケがクレリに気づいて迎え入れてくれて、パンドゥを一切れくれました。

しかし、パンプルネルはありません。

クレリは北のほうに向かってまた再び歩きました。サリヌまで行きました。海沿いにずっと木が生えているのを眺めて、その幹につたって生えているものを見ました。

石化したサヴァンナまで進みました。足が焼け、風は火のようでした。赤い石、青い石、緑の石のあいだを探しました。石になった鳥と卵が入った巣を見つけました。しかしパンプルネルはありません。

クレリは肩を落としました。奇妙にねじまがって、悲しげな木々が周りを取り巻いていました。怖くなって、フランボワイヤンの木が花咲く教会が建っている丘のふもとに引き返しました。

クレリはくたびれていました。

薪で大きな火をたいて、土鍋《ココ・ネグ》で料理をしている黒人の女の人に会いました。クレリは腰をおろして、小屋に泊めてもらえるように黒人の女の人に頼みました。

「もちろんよ、あんた《メ・ウイ・イシュ・モワン》。大したものはないけれど《モワン・パ・ニ・グラン・ショズ》、わたしのものはあなたのもの《メ・サ・モワン・ニ・セ・タ・ウ》」

ふたりは話をしました。

言葉が次から次へ出てきました。クレリはこれまでの旅の顚末を語りました。

「わたしに会えてよかったわね。でもまったくわたしの言うとおりにしなきゃいけないよ。明日の晩、あたたかくて澄んだ水が打ち寄せる浜辺に行く。そこには『海のサラダ菜』が生えているから、太陽がディアマンの大岩の向こうに沈むとき、そこから水平線を見る。お母さんのことを思いながら沈む太陽に向かってお祈りを唱える。そうすればパンプルネルが手に入る。今日は最初の満月の日だから」

翌日の晩、クレリは浜辺にいました。

梳《す》いた羊毛のような雲は、空を赤と黄色のしま模様にしました。沈む太陽にお祈りを始めました。

「日が暮れました、神様。日は山の影のように過ぎ再びめぐる。そうやって人生は過ぎてゆく。太陽のもと、変わらぬものは何もない……」

そのとき太陽が水平線に触れました。太陽は緑色の光を放ちました。海から女の人があらわれましたが、あまりの美しさにクレリは心を奪われそうになりました。

そしてその女の人は、パンプルネルの枝を手に持っていました。

クレリはパンプルネルをとるために水の中へ入りました。するとすぐに女の人は水の中に沈みました。

クレリは水の精《ママン・ドウロ》を見ました。

クレリはパンプルネルをとられないように、栗色のきれいな髪の中に隠しました。

そして来た道を戻りました。帰り道はうれしい気持ちでいっぱいでした。お兄さんが約束の場所で待っていました。

お兄さんは妹が草を持っていることを知ると、パンプルネルをとりあげ、絞め殺し、その場に埋めてしまいました。

エピファニがお母さんのもとへ戻ってくると、人々はクレリがいないことを心配しました。

「ああ」お兄さんは言いました。「アジュパの下みたいな安全な場所にいるにちがいないさ」

お母さんは近所の人に、クレリが帰ってこないことを知らせました。

近所の人たちはたいまつになるカシブの木の明かりを手に、一晩じゅう法螺貝を鳴らしてクレリを探しました。

しばらくすると、王様の召使いが、少し離れたあるサヴァンナで世にも素晴らしい草を見つけました。
召使いは刈り取ろうと駆けつけました。
短剣の最初の一振りに、草は歌声をあげました。

「きれいな髪を切らないで
兄にここに埋められた
栗色のきれいな
髪を編みこんだ
パンプルネルの枝のため」

召使いはすぐ近くに住む人たちを呼びました。それは小学校の先生でした。
すると歌声がしました。

「学校の先生《メト・デコル》、学校の先生《メト・デコル》
きれいな髪を切らないで
兄にここに埋められた
栗色のきれいな

髪を編みこんだ
パンプルネルの枝のため」

憲兵たちが通りがかりました。

「憲兵さん、憲兵さん
きれいな髪を切らないで
兄にここに埋められた
栗色のきれいな
髪を編みこんだ
パンプルネルの枝のため」

神父がやってきました。

「神父様、神父様
きれいな髪を切らないで
兄にここに埋められた
栗色のきれいな
髪を編みこんだ

パンプルネルの枝のため」

王様本人が来ました。

「王様、ああ王様
きれいな髪を切らないで
兄にここに埋められた
栗色のきれいな
髪を編みこんだ
パンプルネルの枝のため」

王様は地面を掘らせました。

そこでクレリを見つけたのですが、栗色の長い髪をしていて、さらに美しくなっていました。

王様が手を差し伸べると、クレリは立ちあがりました。

「あの人殺しを探しにいこう」憲兵が言いました。

「やめて」優しいクレリは言いました。「兄は王様の召使いにして」

王様はクレリを腕に抱きました。

そして立派な馬車は王様とクレリをお城に連れていきました。

王様はクレリのお母さんと土鍋で料理をしていた黒人の女の人とチ・ローズ・コンゴを呼び、立派な晩餐をふるまったのですが、それが気になる野次馬たちを追い払うために犬が放たれました。

エー！　クリック！　エ・クラック！

アブブ！　ディア！

十四　夜の鳥

アンティルの島々には「ジャン・ガジエ」や「ゾンビ」、「ヴォラン」、「スクリャン」が存在します。

「ジャン・ガジエ」というのは悪魔と契約を結んだ人たちのことで、三本脚の馬や牛、豚に化けたり、棺桶に入ってまっすぐに立ち、行く手をふさいだり、夜になると棒にまたがって空を飛ぶのでした。

「ゾンビ」というのは死んだ人たちのことで、生きている人間の姿でときどきこの世に戻ってきて、説明のつかない悪いいたずらをします。

「ヴォラン」というのは鳥に化ける人たちのことで、「スクリャン」はぼんやりと光る鳥に化ける人たちのことです。ご安心ください、これからやっと、お話が始まるのです。

それは大むかしからの言い伝えで……

代母と暮らしていたある小さな娘のお話です。アンティルの家庭にはたくさんの子供がいます。なので、代母が代子を養子にすることがよくあります。

毎晩、代母は娘を寝かしつけると、そっと起きあがるのでした。同じベッドに寝ていたからです。ある代母が、娘が眠ったかと思うと起きあがって、ガラスの小びんを取り、中に入った液体を体に塗って、魔法の言葉を唱えて飛び立ちました。

ある晩、娘は寝ておらず、代母が起きあがって、服を脱いで身体をこすっているのを見ました。でも娘には呪文は聞こえなかったし、人が服を脱ぐように代母が皮を脱いだのも、そして扉のうしろのくぎにその皮を掛けたのも見えませんでした。

おそらく、その小さな娘は怖かったことでしょう。

娘はただ、自分の代母が真っ黒な姿で大きな鳥のようにバサ！　バサ！　バサ！　と飛び立つのを見ただけなのです。娘は、代母みたいになりたいと思いました。

今度は娘が起きて、代母と同じように体に液体を塗りました。呪文を唱えずにです。

皮ははがれませんでしたが、羽根が生えました。美しい小鳥《アン・ベル・チ・ソワソ》になって、窓から飛び立ちました。

娘は代母とは違って、静かに飛びました。なぜなら呪文を唱えなかったからで、ジャン・ガジェたちは娘が自分たちの仲間だということがわかりませんでした。

娘は飛びに飛びました。家々の上を通り過ぎました。

半開きのよろい戸から小さな友人たちが見えました。友人たちは寝ており、守護天使がそばにいました。娘は動物たちを見つけました。カブリト・ボワ、鶏、犬、蚊、ベト・ア・フ、コウモリを除いて、動物は眠っていました。

ある家では、一頭の角のない黒山羊が起きていました……

木々、とりわけマリ・オント（オジギソウ）、タマリンドとカシアラタは眠っていました。木々は葉を閉じて、海もまた眠っていました。

小さな娘は飛びました。慣れていないのにたくさん飛んだので、急に疲れを感じました。

そして、川の石の上にとまりました。

人は娘を本物の鳥だと思いました。

夜が明けます《ジュ・カ・ウヴェ》。

娘は自分の家に帰りたくなり、再び飛び始めました。


そのあいだに、代母はすでに家に戻っていました。誰も悪ふざけで表裏を逆にしたり、内側に唐辛子を塗ったりしていない皮を壁からはずし、ベッドに戻りました。そこには代子がいませんでした。代母は呼びました。

「アポリヌや！　アポリヌ！　どこ！」

誰も返事をしません。

もしかしたら、娘はたいまつを持ってカニをとりに行ったのかしら。

気にもせずに、代母は再び眠りました。やがて起きあがると、家の前にある三ツ石のあいだに火をつけて、コーヒーをいれました。

すると、自分のまわりを一羽の鳥が飛んでいるのが目に入りました。

なんとも大きな鳥。なんとも奇妙な鳥です。

代母は棒でその鳥をシッシッ！　と追い払いました。

娘は、人間の姿に戻るにはどうすればいいのか知りませんでした。家に戻ってきて、家の近くのひょうたんの木にとまりました。

代母は石をひとつ手に取ると、鳥に向かって投げつけました。鳥は逃げるので精いっぱいでした。というのも、代母は狙った的をはずさないからです。娘は母と一緒にマンゴやプラムに石を投げつけて穫《と》っていたので、よくわかっていました。

娘はお腹がすきましたが、本物の鳥ではないのでついばむことができません。のどもかわきました。娘は涙を流しました。一粒の涙が、サトウキビを刈りに行こうとしているひとりのおばあさんの上に落ちました。

「なにかしら？《サ・サ・イエ》　雨が降ってきたのかね？《ラ・プリ・カ・トンブ》」

おばあさんが空を見ると、鳥が見えたのでわかりました。

「小さな鳥がおしっこをしたのね《チ・ゾワゾ・ア・カ・フエ・ピピ》」

鳥は大きな円を描いて飛んでいました。必死に何度もぐるぐる回っていました。そのおばあさんは鳥のことをみんなに知らせました。

五分ほどで、みんなが（子供も、老人も、男も、女も）そこに来て、ぐるぐる回っているその鳥を下から見あげました。あの鳥は一体何なんだろう？

あれはマルフィニでも、グンカンドリでもない。鳥は空高くあがっていって、おりてきて、マンゴの木にとまりました。

むかし戦争で「ファンス」のシャトーティエリで戦った老兵が、銃をかまえて言いました。

「わしがあれを撃ち落としてみせよう《モワン・カ・ヴォワイエ・リ・ラ・ソト》」

さらに人が集まってきて、それぞれに好き勝手にものを言い、みんなの視線が鳥にそそがれました。鳥はきらきら光る銃が見えたので、怖くなりました。そして逃げるように高く、とても高く……遠く、とても遠くへ飛び去って……ある教会の上にやってきました。

鳥は鐘楼にとまって、神様の十字架を見て大きく十字を切りました。

するとゆっくり、ゆっくりとおりていく感じがしました。下に着くと羽根が消え、鳥は小さな娘の姿に戻りました。

その小さな娘は、二度と鳥になることはありませんでした。このことについて代母には決して何も言いませんでしたが、娘がこんなふうに言うのをよく耳にするのでした。

「お母さん、いつになったらわたしをフランスに行かせてくれる《キ・ジュ・ウ・カ・ヴォワイエ・モワン・アン・ファンス》の？」

なぜならフランスにはジャン・ガジエも、ヴォランも、スクリャンもいないからです。

十五　ユ・グラン・グラン

アンティルの金曜日は神聖なる日で、自分自身を見つめ直す日です。

その日は遠出しません。完全に断食することがすすめられています。皆がお祈りをあげます。それぞれ喪服を着ます。午後三時に教会に行って十字架を崇《あが》めます。

子供たちは表に出てララ（卵の殻を馬のたてがみでつなぎあわせたものや、木でできたガラガラ）を回します。

鐘はローマに向かって鳴らされます。

天気はとりわけ暑くて、自然は悲しげで、動物たちは黙ります。姿を隠しているのです。

ある聖なる金曜日、ひとりの若い男（名前をユ・グラン・グランといいました）が朝早く起きて、銃をとりました。

「かわいい坊や、《イシユ・モワン・シエ》そんな格好をしてどこへ行くんだい？《エティ・ウ・カ・アレ・コン・サ》」

「狩りに出てくる」

「かわいい坊や《イシユ・モワン・シエ》、お前は本当に罰当たりね《セ・モディ・ウ・モディ》。聖なる金曜日は出かけず《リ・ヴァンドルデイ・サン・ムン・パ・カ・ソチ》、殺生もせず《ムン・パ・カ・チユエ》、お祈りをする《ムン・カ・プ》ものよ《リエ》」

ユ・グラン・グランは口笛を吹きながら出ていきました。罰当たりのようにです。

お母さんは、自分もそうなってしまわないように小屋から離れました。恐ろしい行ないを目にしたくありませんし、自分の息子に獲物を殺してほしくありませんでした。それ以上に、断食の日である聖なる金曜日に獲物を口にしてほしくありませんでした。

お母さんはロザリオを手にとって、近所の人のところへ避難しました。


ユ・グラン・グランは森に入り、イラン・イランの木のいい香りをかぎました。イエンイエンという小さな蚊が、地面の上で雲みたいになっていました。マラングワンがブーンと音を立てて飛んでいました。どんよりした天気でした。

ユ・グラン・グランははだしで、ギニア草で足が切れました。

ユ・グラン・グランはまっすぐ進みました。森の中に動物は一匹もいません。みんな隠れていたのです。

ようやく木の上に鳥が見えました。一羽の白く美しい鳥です。

「あの鳥は何だろう？」ユ・グラン・グランは言いました。

その鳥のことを知りませんでした。銃をかまえて、狙いを定めて撃ちました。

大きい鳥は人間の声をあげて落ちました。

ユ・グラン・グランが鳥を拾いに行くと、鳥は歌い出しました。

「お前に捕られた《コレ・ウ・コレ・モワン》、ユ・グラン・グラン
お前に捕られた《コレ・ウ・コレ・モワン》、ユ・グラン・グラン
ほらお前は魔法にかかった《ミ・ウ・フオコレ》、ユ・グラン・グラン
ほらお前は魔法にかかった《ミ・ウ・フオコレ》、ユ・グラン・グラン」

鳥を黙らせるために狩人はかかとで頭を踏み潰し、乱暴に石にたたきつけました。

それから手にとって振りあげ《トウ・ブランディ》、それを袋にしまって、口をひもで結びました。

お母さんの家に帰りましたが、家には誰もいませんでした。火をつけて、獲物の羽根をむしり、はらわたを抜き、味つけをして、串にさしました。

すると鳥が歌い始めました。

「回せ回せ《トウネ・トウネ》、ユ・グラン・グラン
回せ回せ《トウネ・トウネ》、ユ・グラン・グラン
お前は魔法にかかった《ウ・フオコレ》、ユ・グラン・グラン
お前は魔法にかかった《ウ・フオコレ》、ユ・グラン・グラン」

そしてユ・グラン・グランが串を回していると……鳥はちょうどいい具合に焼けました。鳥がまだ歌っていました。

「食え食え《ヴァレ・ヴァレ》、ユ・グラン・グラン
食え食え《ヴァレ・ヴァレ》、ユ・グラン・グラン
お前は魔法にかかった《ウ・フォコレ》、ユ・グラン・グラン
お前は魔法にかかった《ウ・フォコレ》、ユ・グラン・グラン」

ユ・グラン・グランは動揺し始めました。
「お前なんて食べてしまえば、しまいにはぴたっと黙るんだろうな」
ユ・グラン・グランは鳥を食べてしまいました。
すると胸のあたりから声が聞こえてきました。

「立て立て《レヴエ・レヴエ》、ユ・グラン・グラン
立て立て《レヴエ・レヴエ》、ユ・グラン・グラン
教会に行け《アレ・レグリズ》、ユ・グラン・グラン
教会に行け《アレ・レグリズ》、ユ・グラン・グラン」

目に見えない力に突き動かされて、ユ・グラン・グランは告解をしに行きました。

また声が聞こえてきました。

「墓場へ行け《アレ・シミティエ》、ユ・グラン・グラン
墓場へ行け《アレ・シミティエ》、ユ・グラン・グラン
お前の墓穴は掘った《フォス・ウ・パレ》、ユ・グラン・グラン
お前の墓穴は掘った《フォス・ウ・パレ》、ユ・グラン・グラン」

ユ・グラン・グランはそれに従いました……

ぽっかりと開いた墓穴に入りました。

そこで息を引きとりました。

すると一羽の大きな白い鳥が墓から出てきました。それは聖母マリアで、ユ・グラン・グランに罰を与えるために鳥の姿になっていたのでした。

十六　ショラスティヌ

ある美しい女性ショラスティヌが、旦那と女中と一緒に農園で暮らしていました。ショラスティヌは主人の家、ベランダに囲まれた家で暮らしていました。客間にはピアノが一台、美しい中庭には花々とゾンビを追い払うための毛がぼさぼさの鶏が一羽いました。洋服だんすからはバニラやヴェチヴェルの香りがしていました。

女中はとても献身的で、台所の隣りにある小屋に住んでいました。

女中は女主人のことがとても好きで、足の裏をこすってあげて、午後の昼寝のときにはヤシの葉であおぎ、子守唄を歌ってあげるのでした。

毎朝、夜明け前に当地のならわしどおり、女主人のベッドまで、第一帝政にさかのぼるカップについだコーヒーと一緒に、ドゥドゥ・コロソル（甘い果物）とスプーン一杯のココナツを持っていくのでした。女中は、のりづけした刺繍で飾られ、島の木でできたお盆の上にコーヒーやその他のものをすべてのせて、女主人にひざまずき、両手で差し出すのでした。女中は立ちあがって、マダムが飲み終わるのを待ちました。

ショラスティヌは忙しくはありません。夜に夢で見たことを話し、ちびちびとコーヒーを飲むのでした。

この家の主《あるじ》であるムッシュは、留守にすることがよくありました。主人は畑で働いていました。毎朝、蹄鉄をつけていない仔馬でピピリ（小鳥の最初のさえずり）のときに出かけました。

女中は落ち着いた表情でいつも正午に、お盆に乗せた昼食を主人に持っていきました。

主人は毎晩、家にいる妻のところに戻ってきました。

なんと立派な農園を持っているのでしょう。バニラ、コーヒー、大きなオレンジの木には皮が緑のまま熟す実がなって、おいしくて大きな野菜、愛のリンゴ、バラ色のリンゴなど、ありとあらゆるものが生えていました。中でもたくさんあったのは、サトウキビとたばことインディゴでした。

しかしながら女中は、農園で働いている人を一度も見たことがありませんでした。

とはいえ、ムッシュがたったひとりでできるわけはありません。確かに主人は並みの人間ではなかったのですが、女中は土を耕すという仕事を知っていました。土を耕すのは大変なことだと知っていました。畑仕事には人手がいるのです。

女中は考えごとをするか、黙っているか、ひとりごとを言っていました。ムッシュに昼食を持っていったある日、自分の足下に影がないことに気がつきました。太陽を見上げました。

太陽は、空の真ん中に来てはいませんでした《イ・パ・テ・アン・ミ・タン・シ・エル・ラ》。

女中は歩みを進めました。お盆を下ろして、ムッシュが働いている畑の近く、マンゴの木の下に腰をおろし、太陽が空の真ん中《アン・ミタン・シエル・ラ》に来るのを待っていました。

遠くの畑を眺めていました。

ああ、目に入ったのは何でしょう？

もしわたしがうそをついているのだとしたら、神様のかみなりに打たれてしまいますように。ムッシュが畑の真ん中に立っていて、お腹を軽くたたいているのが見えました。風が吹いて言葉が聞こえました。主人は歌を歌っていたのです、

「ジ・ゴ・トン・トン・トン
コワン・コワン・コワン
外に出る者は外に出ろ《サ・キ・レ・ラントル・ラントル》
中にいる者は中にいろ《サ・キ・レ・ソート・ソーチ》」

すると小さな豚たちが主人のお腹から出てきて、土を耕し、掘り返しました。豚たちは歌のリズムにあわせて働きました。

女中は木の葉のように震え、気が遠くなりました。

「ムッシュは悪魔憑き《ムッシュ・ガジエ》だ！　ムッシュは悪魔憑き《ムッシュ・ガジエ》だ！」

女中はトレーを頭にのせました。とうとう太陽が空の真ん中に来る時間になりました。

女中は何事もなかったかのように、ムッシュの近くにやってきました。すべてがいつもどおりに戻っていたのです。

「こんにちは、旦那様《ミシエ》！」

「こんにちは、お嬢《マ・フィイ》さん！」

「お嬢さん《マ・フィ》、何か見ましたか《サ・ウ・ウエ》？」

「何も見ていません《アイヤン》、旦那様《ミシエ》」

そしてムッシュは腰をおろすと、パンチを飲んで、お皿が空になるまで飲み食いして、満足して笑いました。七匹の子豚のために食べたのです。

女中が帰ってくると、マダムは揺り椅子《ドディヌ》でくつろいでいました。マダムの小さな足は、規則正しいリズムでタイル張りの床をたたいていました。ひんやりとした風がやさしくマダムをなでていました。

マダムは聖女なのです。

しかし、女中はもうそんなことはかまいませんでした。

「マダム、マダム、おゆるしください、言っておきますが、ムッシュはジャン・ガジェです」

そして目にしたことを話しました。

マダムは気を悪くしてしまいました。

「あなたどうかしているわ《ウ・フォル・マ・フィ》！」

マダムは気を悪くしたあまり、女中をくびにしました。

「いけません、いけません。マダム、わたしは出ていきません。マダムひとりをジャン・ガジェと一緒に残してはおけません」

数日後、女中は畑の端に身を隠しました。

今度はムッシュが見当たりませんでしたが、そのかわりに太って真っ黒な父豚がいたのです。その周りには、同じく黒い七匹の子豚がいて土を耕していました。

正午の鐘が鳴ると、子豚たちは父豚のお腹に入って、父豚は人間の姿に戻りました。

女中が女主人のところに戻ると、目にしたことを話して、確かにムッシュは人間ではなく「太った父豚」であると断言しました。

「あなたを黙らせるために、ムッシュに明日、ここでわたしと一緒に食事をしてもらうことにしましょう」

ムッシュはそれに同意しましたが、十一時に食事を出すようにと注文しました。

翌日、マダムはいつもどおりパンチを持ってきて、旦那がいることにずいぶん満足してオウムみたいにしゃべりました。

「わたしは急いでいるんだ」ムッシュが言いました。「女中、食事を！」

何という献立でしょう。カメのスープ、カニの肉づめ、あらかじめ塩をふったもも肉、それにありとあらゆるデザートです。

ムッシュは時間が過ぎていたので席を離れたがりましたが、いかんせん食いしん坊でした。

女中は料理を出す間をのばして、こっそりムッシュを見張っていました。

ムッシュは椅子でじっとしていられなくなりました。そしてパイナップルのアイスに手をつけました。そうしなければ、しかるべく席を離れることができないのです。ムッシュはお腹を軽くたたきながらつぶやいていました。

「まだ時間じゃない《セ・ポ・コ・レ》！　まだ時間じゃない《セ・ポ・コ・レ》！」

「まだ時間ならあるわ」マダムが答えました。「サトウキビがどこかへ行ってしまうわけじゃないでしょう。めずらしく一緒なんだから。それにあなたは鎖でつながれているわけじゃないでしょう」

しかし子豚たちは言うことを聞きませんでした。ムッシュのお腹から出てきたのです。

ムッシュは太った黒豚に姿を変えました。

「助けて！」女中が言いました。

「イエス《ジェジ》様、マリア《マイア》様！」マダムが言いました。

太った豚は女中に飛びかかり、マダムにも飛びかかって、ふたりともむさぼり食ってしまいました。

一本の骨さえ残りませんでした《パ・レ・テ・メ・ム・ア・ン・チ・ゾ》。

それからというもの、ムッシュを見かけた者はいません。

畑は耕されずに空き地になって、ほったらかしにされています。小鳥たちは逃げ出し、蛇だらけです。その前を通ると、豚の群れがブーブー鳴いたり、叫んだり、涙を流しているのが聞こえます。

それを耳にすると、人は一目散に逃げていくのです……

十七　セトゥト

セトゥト（これでおしまい）は、名前のとおり十三人兄弟の末っ子です。お母さんは貧しかったので、おしめなどの産着《うぶぎ》がなくて、バリジエの葉で子供たちを包みました。

「イエスは藁の中で産まれました」主任祭司は子供に洗礼を授けながら言いました。

お母さんはそれにこうつけ加えました。

「神の国は貧しい人々のもの」それからお母さんは赤ん坊の首にスカラプリオをつけ、その中にお守りを忍ばせました。

「それがあれば悪魔もあなたの前で大きな顔はできない。サタンにも負けないでしょう！《エビ・サ・ギヤブ・メム・パ・カ・フアロウ・ケ・バト・サタン》」

代母はお金持ちで世話好きの婦人で、子供を求めていました。慈悲の心からこんなふうに代子をたくさん養っているのだと言うのでした。

代母たちはみんな農園に住んでいて、そこには険しい山がみっつと草原がふたつあって、東側は海のほうに広がっていました。

ときどき代母は、代子たちのもとを離れることがありました。夫に会うために小島《イレト》に行くのです。そのたびに、仕事をおぼえさせるためといって子供を連れていきました。

セトゥトは連れていかれた子供が小島から帰ってくるのを見たことがありませんでした。

代母は子供たちにいつも、お腹をいっぱいにしておくようにと注意していました。代子たちは自由に暮らして、木にのぼったり、ココナツの実やオレンジなどあらゆる果物を摘んだりしていました。毎朝、川の浅瀬を渡って草原に行って、牛の乳をしぼりました。その一時間後に、子供たちは家の軒下で、シナモンで香りをつけた熱々のココアをもらうのでした。

普段は仔山羊を、クリスマスには豚を屠《ほふ》りました。

子供たちはカリブキャベツ、ヤマイモを掘り、木の枝の高いところにある大きなパンノキの実を落として、横長の丸いかごをいっぱいにしました。

お湯でこういったものを全部煮て、塩漬けの肉やタラ、魚と一緒に唐辛子のソースで食べました。釣りをしに出かけ、魚でいっぱいの簗《やな》を集めました。川に飛び込んで、テナガエビやウニを持ち帰ってきました。

セトゥトはサメの赤ん坊と知り合いになりました。おたがい親友になりました。一緒に泳いで競争したり、サメが自然の水の流れを教えてくれたりしました。

自由ではあったのですが、セトゥトは幸せではありませんでした。代母のことが好きではなかったのです。キスをしたいと思ったことは一度もありませんでした。代母にはいやな感じがしました。代母が遠くへ行くと、気が休まるのでした。食べ物や飲み物、寝る場所を用意してくれることが、腑に落ちなかったのです。

代母が島に行ったある日、マテテ・クラブ（カニのフリカッセ）を持ってきてくれました。それはセトゥトの大好物でした。

そしてカニのはさみ《モルダン》をもらいました。唐辛子の香りがして、砂糖の甘さと塩気を同時に感じる何とも言えない味で、ちっとも飽きないのでした。

カニのはさみをしゃぶると唐辛子の香りがしたのですが、変なことに気がつきました。よく見ると、なんてことでしょう。それは子供の指だったのです。

代母が悪魔であるということがわかりました。子供たちを島に連れていって、殺して、食べるのです。

セトゥトはその小さな指をつかむと、砂に埋めに行きました。そして美しいピンクの巻貝とココナツの実で作った十字架をその上に置きました。

すると地面から歌声が聞こえました。

「セトゥト君《コンペ・セトゥト》、ありがとう《メシ》、ありがとう《メシ》
僕はジョゼフ《モワン・セ・コンペ・ジョゼフ》
代母と年老いた悪魔に《マレヌ・エ・エピ・ヴィユ・ギャブ・ラ》
僕らは殺されて食べられる《カ・チュエ・ヌ・カ・マンジエ・ヌ》」

セトゥトには考えがありました。そのことをサメに話しました。一緒に島へ行くことにしました。

D.J.A.

しかしその前にセトゥトは、代母を見張ることにしました。

ある朝、セトゥトはマングローヴの生える入り江に身を隠しました。そこは代母が小舟を泊めているところです。

セトゥトはこのあたりを恐れていました。動物たちもです。鳥たちも決してここは飛びません。犬たちは逃げていきました。

代母がやってきました。白くて大きなドレスを身にまとい、頭には白のマドラス織のスカーフを巻いて、それはまさに悪魔の装いでした。笑うと猛獣のような歯が見えるのでした。靴を脱ぐと、片方の足が山羊の足なのが見えました。たったひとりで小舟を海へ押し出し、飛び乗りました。そして座るところに置いてあった鞭を手に取ると、小舟を馬のように鞭打って、叫びました。


「タイヨ！　キリグレ！

タイヨ！　キリグエ！　イ！」


すると、小舟は跳ねて波に乗りました。

そして代母も立ちあがり、相変わらず鞭を打ちます。


「タイヨ！　イ！　キリグエ！」

セトゥトはそのうしろに飛び込むと、サメの背に馬乗りになって、びんのガラスで剃った頭だけを水の上に出して代母を追いかけ、小島にたどり着きました。

代母が入り江に来て、緑色をした竜に鞭を放ち、高笑いをあげて去るのをセトゥトは目にしました。すると黒人の大男がパイプをふかして、代母のもとへ走ってきました。

小舟の底には袋がひとつあって、その袋の中には食べるために縛った代子のひとりが入っていたのでした。


代母は帰ってくると、眠りにつきました。代母が安息日のあとに熟睡するというのは、みんな知っていました。

セトゥトはその機会に、眠り込んでいる小さな友人たちを起こしました。

「みんな《ザンファン》! 立って《デュブト》! 起きるんだ《レヴェ》!」

みんな家を離れました。セトゥトは、女悪魔がかみなりを遠ざけるために使っていた銃を持っていきました。

マングローヴの近くまで仲間たちを連れていくと、サメが待っていました。

仲間たちを小舟に乗せ、座るところの下に銃を隠しました。その銃で竜と悪魔を退治しようと考えていました。そしてセトゥトは鞭を手にとり、力のかぎり帆を張って叫びました。


「タヨ、キリグエ、タヨ! イ!」

サメが先導してくれました。月がありったけの光で輝いていました。

まもなく、そそり立つ黒い断崖とともに小島が見えました。岩は化け物の形をしていて、浜辺の周辺にはココヤシの木が生えていました。あたりはまるで切り出されたかのようにはっきり見えました。

小島には、いぶかしげに行ったり来たりする影が浮かびあがっていました。それは女悪魔の夫、黒人の大男です。大男はもっとよく見えるようにと断崖をのぼっていたのですが、足を滑らせました。大男は百ヤードの高さから落ち、岩山に激突しました。

そのあいだ、代母は妙な気配を感じて目を覚ましました。子供たちがいないことに気がついたのです。

浜辺に駆けつけると、小舟も見当たりませんでした。

代母が怒りの叫びをあげると、大気が震えました。子供たちの小舟に襲いかかると、上から帆を揚げました。代母はあまりに頭にきていたので、暗礁のことを考えていませんでした。ちょうどそのとき、島の前で船がふたつに割れました。

女悪魔は海に沈みました。

それからというもの、その場所には渦ができます。そして大男は石の像に姿を変えました。永久に渦の巻く音を聞くという罰が、大男に与えられました。

残るは竜です。

島には竜のかわりに立派な若者がいましたが、女の悪魔が死んだせいで魔法がとけたのでした。

その若者は子供たちを迎え入れました。

ある子供たちは、それぞれの両親を探しに帰っていきました。

別の子供たちは島に住み着いて、そこに家や教会、学校そしてラムの醸造所を建てました。

サメのために、海岸に休息所を作っておくことにしました。サメはそこで長旅の疲れをいやしたり、知らせを伝えに来たりします。サメのおかげで、全身が傷だらけだからという理由で見捨てられた病人たちがいることがわかりました。

島の住人たちは助けてやることにして、病人たちに島の一画を与えました。それからというもの病人たちは「らい病人の地」と名づけられた土地で平穏に暮らしたのですが、その島こそ、ご存知のとおり、デジラド島なのです。

十八　上のくちばしと下のくちばし

しばらく前から、王様の農園には水が来なくなりました。水の道が干あがっています。

王様の泉には水がなく、ふたつのけた外れに大きな池が家の前にあったのですが、あまりに深いので以前は青く見えたものでした。今では珊瑚《さんご》のようなピンク色に輝いて見えます。赤アリが乾いた池の中にはびこっていたからです。赤アリがうじゃうじゃいました《ヨ・カ・ジュエ・ズエル》。

農園ではみんな悲しげでした。マプ（大きな日陰をつくる木）に長い鎖でつながれた小さなサルさえも悲しげでした。

王様は監督（農園の長）を呼びに行かせました。監督はよく調べましたが、原因はわかりませんでした。

王様はむかしから仲のいい、物知りの友人を呼び寄せました。友人は竹を調べて……その竹には割れ目がないことがわかりました。竹をたたいて、耳を当てて音を聞きました。「わたしにはわか《モワン・パ・》らない《サヴ》」と言いました。そして、王様と友人は家に帰り、外廊下に行きました。王様は声をあげました。

「ウラニ！　プチ・フ（プチ・パンチ）を持ってこい、いちばんいいラムで作ったのを！」

　きちんとのりづけして刺繍《ししゅう》された白い小さな敷物の上に、ラムと小さなライムがしかるべく用意されました。太陽のように金色の古いラムが、王様と友人に出されました。

　王様と友人は飲みましたが、何もしゃべらずにお酒を味わいました。ラムでお腹が熱くなるのが《バ・ヨ・ドウシン・ダン・》感じられ《レストマ》ました。

「いいかね、ひとつしか解決方法が思い浮かばないんだが」友人が言いました。「それは明日の朝、法螺貝《コン・ランビ》を吹くことだ」

　翌日、農園の上にピンク色の法螺貝《ほらがい》の音が響き渡りました。丘から丘へとこだまするのが聞こえました。

　こだまがあちこちから返ってきました。エスの丘、オランジュの丘、フォリの丘、パルナソス山……そしてヴァル・ドールまで。

田舎の黒人《ネグ・ザビタン》たちは、老いも若きもみんな家から出てきました。仕事を投げ出して、贈り物をかついで、はだしで歩いてきました。

　王様は立派なパナマ帽を目深にかぶり、やってきた人たちを戸口で迎えました。

「みなの者、樋《とい》を見なさい！　この竹を見なさい！　悪魔が涸《か》らしたみたいに乾いている。水がもう流れていないのだ！」

　みんな樋を見ました。樋は日に当たってトパーズのように輝いていました。

そしてみんなで調べ始めました。竹を上から下から、左から右から見ました。

ジョ坊やは腰抜けではなかったので、高く、とても高く、遠くの泉までのぼっていきました。

ゾンビも悪魔も怖くありません。幸運の星の下に生まれていたからです。蛇も大きな毒蜘蛛《マトウトウ・ファレズ》も怖くありませんでした。怖いもの知らずだったのです。

ジョ坊やは谷を飛び越え、木の根を飛び越え、つるにつかまって、竹やシダ、「川の森」を抜けていきました。樋に沿っていきました。

探しに探しました。

それでも何も見つかりませんでした。竹をたたいて耳を傾けました。すると竹がウウ！　ウウ！……と言いました。音があがり、響いていきました。竹はうめいていました。不満を漏らしていたのです。

泉は澄みきっていました。

ああ《ヨ》、ああ《ヨ》、竹は悪魔にとり憑かれていた《バンブ・ア・ガジエ・ウアイ》のです。

王様は行きづまってしまいました。アンゴラから来た年寄りのアフリカ人の乳母《ダー》は、シュヴァル・ボン・ディエを呼びよせました。

シュヴァル・ボン・ディエと呼ばれるのは、乾燥した木の枝にそっくりで、姿を隠すことができて、特に長い脚で風と同じぐらい速く走るからです。

「神様の馬よ《シュヴァル・ボン・ディエ》、たったひとつ農園を救うことのできるマクバの魔法使いを探しに行け《アイユ・シエシエ・ソシエ・マクバ・ヨ・セル・ペ・ソヴェ・ヌ》」

魔法使いたちがやってきました。それはインディオでした。ひとりは裸の体に色とりどりのルウクウを塗っていました。白く立派なひげを生やして、頭には木彫りの帽子をかぶっていました。

もうひとりは呪物を持って、馬に乗っていました。ターバンを頭に巻いて、大きな仮面をかぶって、いろいろな色をした革ひもで作った丈の短いスカートをはいており、そのすそには銀の鈴がついていました。インディオたちは馬をパラ（手が切れる背の高い草）のしげみにつなぎとめ、庭の大きなカタルパの木の下に行きました。

王様がいて、周囲には取り巻きがいました。

魔法使いたちはユソウボク、ビャクダン、マホガニー、ニッケイと緑のマホガニーといった香木すべてに火をつけ始めました。それらに牛の糞を加えました。炎が噴きあがりました。

すると魔法使いたちは火の中に入って、叫び、おどり、歌いました。刃物を手に取りました。刃物が宙を舞い、きらきらと青く光りました。魔法使いたちは自分の胸を刃物で打ちましたが、切れませんでした。

口の中に炭火を入れましたが、やけどをしませんでした。

魔法使いたちがおどりや刃物の芸を終えると、火が消えました。自らの額、胸、肩に聖なる灰をこすりつけて身を清めました。人々は清めの水を、魔法使いたちにそそぎました。魔法使いたちは山羊を殺して、まだ温かい血を飲みました。人々は魔法使いたちに、お香で香りをつけました。

月がのぼり、灰色の雲の大きなかたまりを透かして輝きました。魔法使いたちはひざをついて両手をあげると左右にゆらして、憂《うれ》いに満ちた声で呪文を唱えました。それから地面に口づけしました。

みんなはそれを見つめて、耳を傾けたままじっとしていました。

腕と足に飾りをつけた若くて美しいひとりのインディオの女が、ジャスミンの花束を月に向かって差し出しました。呼びかけるようで、捧げ物をするかのようで、ひとつひとつの動きが優雅でした。

　そのとき、魔法使いたちは恍惚状態になりました。

　刃の上でおどっていました。

　大きな雲が月を覆いました。

　そしてインディオの長《おさ》が言いました。

「王様、手を貸しなさい。不運にとりつかれているわけではない。娘のおかげで救われるだろう。農園に水が流れるようにした者に娘をやりなさい」

　王様は、農園に水を戻す方法を見つけた者に娘をやると約束しました。

　王様の娘は太陽のように美しく、黄金色《こがねいろ》に輝くアンティルの朝明けの肌の色をしていました。名をオロルといいました。

　男たちは誰もがオロルと結婚したいと思っていましたが、とりわけそう思っていたアスピランは若い黒人で、黒檀でできた神様のように凜々《りり》しく、頭には白い羊毛のような毛が生えており、「大きな声で笑うと頭の先から足の先までゆれる《ク・イ・チ・ニ・ラ・マシュ・アン・バ・ピエ・リ》」と言われていました。

　ある朝、アスピランは歩いて出かけました。丘にのぼり始めました。一日じゅう歩きました。アスピランは剣のようなとげが刺さるレピニと越えることができない「フォス・モネ」に立ち向かいました。

　やっと丘の上にやってきたのは、クロウタドリが夕暮れのお祈りを唱える時間になるほんの少し前でした。

アスピランはマンゴの木の下に腰をおろしました。枝の高いところに「上のくちばし」といわれる年老いたクロウタドリがいました。枝の低いところには「下のくちばし」といわれる若いクロウタドリがいました。アスピランには、水や木や風や火や鳥たちの言葉がわかるのでした。

鳥たちは毎晩のようにその日の出来事を話すのでした。

「それで上のくちばしさん、今日は何があった？」

「下のくちばしさん、何もないよ。というのも、人間たちのところにおりていかなかったからなんだよ。わしは年寄りだし、太陽や雲といった澄んで気持ちがいいもののほうが好きなんだ。そっちは知らせがあるのかい？」

「驚くようなことがあったよ、上のくちばしさん。ブラン・ダムールという王様の農園の上を飛んだら、池の水が涸れていた。水がもう流れていないんだ。王様はそれに気を落として、顔がジョーゼット生地みたいにしわしわだった。王様は農園に水を戻してくれた者に娘をやると約束したんだ」

「へえ、そりゃ残念だ！　下のくちばしさん、わしはもう若くないが、水が流れないわけを知っている。樋の入り口が大きなパンノキの実でふさがれているんだが、人間たちには全然見えないようになっているんだ」

アスピランはその秘密を耳にしました。丘を駆けおり、王様のところに駆けつけて……

翌日、水が王様の池の中に流れていました。ハチドリたちが青い池の上でおどりました。赤アリたちは溺れ死にました。

そしてアスピランはオロルと結婚したのでした。

十九　マンボウの話

むかしむかし、太陽は月と結婚していました。そして月は立派なメダルみたいで、空にかかっていて、昼も夜も輝いていました。しかし月は退屈していました。そしてある晩、ふと気まぐれから地上をひと回りしにいきました。月はそのままドスンと落ちました。そして輪のように浜辺まで転がりはじめました。月は海を見ました……海は穏やかでした。大きな鉄板に似ていました。小さな波がココヤシの根元に寄せてきました。月は波と遊びはじめました。月は跳ねに跳ねて、ドボンと海に入りました。

月は水の上を歩きました。波の上を走り、小さな入り江にもぐりこみました。行っては帰り、また戻って、ダンスをしていました。月はこんなふうに一晩中遊んでいました。そして朝になると水の下に戻りました。

水は澄んで、あたたかでした。あらゆる色、あらゆる形をした魚たちは、音もたてず姿を変えていきました。バラ色の光が水の底を照らしていました。サンゴの木、ヒトデ、海綿、目のない魚を見ました。真っ白な亀も見ました。甲羅が銀でできていて、金と宝石がはめ込まれていました。

魚たちはびっくりしました。

しかし間もなく、陸にいる人々はさらにびっくりすることになります。月はどこに行ってしまったのだろう？

ベレの太鼓は聞こえなくなりました。誰もが家の中にいました。

ゾンビ《ヨ・テ・ペ・ゾンビ》が怖かったからです。

そのあいだ神様は眠りませんでした。神様は気が長いのです。しかし、一週間後には腹を立てました。月にまたのぼるように命じました。月は言うことを聞きませんでした。

「月を捕まえてきてくれ」陸と海と空に住むあらゆる生き物に命じました。「月はカリブ海の中にいる」とつけ加えました。


いつものように夜になって、月はおどろうと水の上にのぼりました。

まもなく月の上にある星がおりてきて、雲のレースを横切り、アンティルにいるすべてのホタルが月をとり囲みました。

月は有頂天で、ホタルが一緒にカドリーユをおどりに来たのだと思いました。

月はすぐに見つかってしまいました。漁師たちはボートに飛びのりました。合図となる法螺貝の音が鳴り響きました。丸木舟、ゴミエ、いかだ、ユユ、帆のついたカヌーと櫂《かい》で漕ぐカヌー、小型帆船、櫓《ろ》で漕ぐ船が水上に集まりました。漁師たちのたいまつ《ボワ・フランボ》の明かりがほの暗く燃えるほうへ進んでいきました。

漁師たちは月に近づいて……いっせいに大声で歌いだしました。

「月を追い込め、追い込め！　オー！　オー！　オー！

月を追い込め、追い込め、オー！　オー！　オー！」


そして、歌が周りの丘に遠く響いていきました……

月は身の危険を感じて、水の下に入ろうとしました。しかし、カジキのお母さんであるベク・メールのくちばしにあるのこぎりのような歯が月を切り裂き、カワハギが盾のように月を押し返し、ウニが傷ついて弱った月の体に鋭いとげを打ち込みました。

海の底ではアナゴ、ウナギ、ウミヘビがからまりあって、破れない網を作っていました。

月は水の上で戸惑いました……そして漁師たちはずっと歌っていました。


「月を追い込め、追い込め！　オー！　オー！　オー！

月を追い込め、追い込め、オー！　オー！　オー！」


漁師たちは手にたいまつを持って、神々しい姿でそこにいました。月を捕まえました。月は捕まってしまいました。

漁師たちは月を神様のところに連れていきました。

神様が月に言いました。

「娘よ、お前の過ちはすべて罰せられねばならない。わたしは動かないように空にかけておいてやったはずだ。そして動かずにきれいでいなさいと言った。それなのにお前は聞かなかった！」

「お前はグレープフルーツのように美しくて丸い娘だったのが、ほら、そんなふうに欠けてしまった」

神様は月を手にとりました。そして元の形に戻しましたが、月は前よりも小さくなってしまいました。

「しようがない」神様は月に言いました。「その姿でいつづけるがいい。空にかけ直してやろう。しかしお前はこうも気まぐれなのだから、毎日四度姿を変えるがいい。地面を正面から、横から、斜めから眺めるがいい」

「罰として、夫である太陽とは引き離すことにする。太陽がのぼればお前が沈み、太陽が沈めばお前がのぼるのだ」

「もう太陽に会うこともできないだろう、愚か者め。そしてお前たちに子供はできないだろう。太陽には永遠の命を与えることにする」

神様は海に落ちた月のかけらをみんな集めました。神様は月のかけらを粉々にして波の上に放ちました。その日からというもの、カリブ海はほんのり光る海になったのです。

それから神様は粘土を手にとると、こねて丸めて、平たくしました。神様は、丸くて黄色で、金色に輝く月を作りました。それに目をふたつ、口をひとつ、ひれをふたつと小さな尻尾をひとつつけました。神様はこれに息を吹きかけて言いました。

「お前は海の月となって、子供をたくさんつくるだろう」

その日からというもの、月はアジやアンジュ・ガブリエルやトビウオや他のたくさんの魚を連れてアンティルの海を泳いでいます。

それで、魚の競《せ》りではこんな歌が聞かれるのです。

「飛べ《ヴォレ》、飛べ《ヴォレ》、トビウオ《ヴォラン》！

泳げ《クリ》、泳げ《クリ》、アジ《クリル》！

見ろアンジュ・ガブリエル《ミ・ランジュ・ガブリエル》、満月《ラ・プレヌ・リュヌ》だ！

月が出た《ラ・リュヌ・デロ》！」

そして神様は笑みを浮かべるのでした……みんなに食べるものがあるのを目にして、満足しているからです。

二十　犬がしゃべらないわけ

そのむかし、神様は地上におりてくることがよくありました。神様は、そのころ地上に住んでいた聖母マリアに会いにきていました。マリア様に会いにくる機会を活かして、おしのびで住民たちをさっと見回りました。神様は島にいる他の白人のように見えたので、それとはわかりませんでした。

神様は島の白人たちと同じように固くのりづけされた布地の服を着て、前につばのある帽子やうしろが反り返ったパナマ帽をかぶっていました。身分を隠すために、「マカク杖」さえ持っていくこともありました。島の年老いた白人たちはみんな手にマカク杖を持っていて、その杖はしゃべるのです。何か知りたいとき、耳に杖を近づけて質問をすると答えるのでした。つまり杖を持っていない貧しい黒人たちに比べると、その分だけ白人たちが力を持っていたということです。

神様はいつも、いちばんの友人である犬と散歩をしていました。

当時、犬たちはしゃべりました。

ある日、神様が海辺を散歩していると、入り江の近くに釣りに使うゴミエ舟が並んでいるところの近く、マルチニックの船乗りたちの墓場の裏で、男が木を切っているのを目にしました。その木は古くからあるフロマジェで、幹はねじれていて、少なくとも周囲は十メートルくらいありました。この巨大なフロマジェは、驚くほどの力で墓場の上に枝を広げて、空に届きそうなぐらい高く伸びていました。

神様は自分が創造したものを見つめて、目を見開きました。「あの男は立派なものだ」神様は思いました。「樹齢百年のフロマジェに挑むなど、腰抜けではないな」

フロマジェというのは、悪魔と契約を交わした《ガジエ》連中が動物に姿を変え、悪魔の集会をしにくるところだということをみんなが知っていました。「確かにそうだ」神様は思いました。「腰抜けではない」

笑顔を浮かべながら、犬に先を歩かせて神様は男の前を通り過ぎました。

「こんにちは」神様は言いました。「仕事はいつ終わりますか？　それにしても大きな木ですね！」

「明日」男は答えました。

数日後、神様は相変わらず犬を連れ、また同じように散歩を始めました。あまりに海が青く澄んでいたので、神様はそれを眺めて楽しみました。神様が今回、自分で創造したのに感心していたものは海でした。

神様は男のそばにやってきました。男はまだその場所にいて、なたや斧がかすかに老木の幹に食いこんでいました。その男は強く打ちました。カン！　コン！　カン！　コン！　枝はびくともせず、貿易風でかすかにゆれるだけでした。

「がんばれ！」神様は男に言いました。「いつ終わりますか？」

「旦那《ミシエ・シエ》、もうじきですよ《ビャント》、悪魔の使いが仕事の邪魔しないかぎりはね《シ・セ・ゾンビ・ア・パ・カ・マレ・モワン・アン・シュマン》」

神様は男を見ました。上半身はだかで赤褐色をしていて、汗で輝き、筋肉が浮き出し、バクア帽を頭のうしろにかけていて、見事な男でした。それは本当に傑作でした。神様は首を振り、さようならを言って、散歩を続けました。

犬は神様がぶつぶつ言っているのを耳にしました。

「ゾンビだって？　いいや違う。邪魔をするのは神だ。『神の思し召《おぼめ》しにかなえば』と言わないかぎり、お前の仕事は終わりはしない」

三日後、神様は涼しい時間にお気に入りの散歩道のほうへ向かいました。小さな犬はその前を歩いていました。男はまだそこで汗を流し、息を切らせながらも、木を切っていました。毎回のように神様は立ち止まりました。

「やあ、こんにちは、仕事はどうだい？」

「もうじき終わるさ、神の思し召しにかなえば！」男は返事をしました。

神様はびっくりして、さようならを言い、立ち去りました。

小さな犬が前を歩いていました……

「おいで！」神様は大声で言いました。「お前がしゃべったのか？」

小さい犬は答えようとしましたが、神様がその前にマカク杖で殴りました。その日からというもの、犬はワンワンワンワンとほえることしかできなくなりました。
そのとき以来、犬はしゃべらないのです。

二十一　貧乏はつらい

ドジヌは、サトウキビの粗《あら》いシロップの入った大きなびんを頭にのせ、バランスをとるためにバナナの葉っぱをクッションにして町へ行きます。ドジヌはシロップ売りをしていました。

昨日も、しぼったサトウキビの汁を工場で使う銅でできた鍋で煮ていました。そして今日、大びんに入れて、ならわしどおりに綿をまわりに巻いたコルクで栓をしてできあがりです。

ドジヌの家の近くには綿の木があります。

少し手を伸ばすだけで《イ・ニ・カ・ロンジエ・ラン・マン》綿が取れました。

手ぶらにはだしで歩いていきました。腰につけた小さなロキーユ（錫《すず》のはかり）が、歩みにあわせてゆれていました。

ドジヌは大きな声でひとりごとを言いました。自分で答え、ゲラゲラ笑って叫び声をあげます。自然はドジヌのもので、旅の道連れだと思って、人に見立てました。空や木や道も、ドジヌにとっては耳があったり口をきいたりするもので、頭にのせているシロップですらもそうなのでした。

「ほら！《アー・ミム》　ちゃんとまっすぐ立って！《キエンベ・ドロウエト》　十一時までに町に着かないといけないんだから！《イ・フォ・ヌ・リヴエ・アン・ヴィル・アヴァン・オンゼ・エ》」

ドジヌはひとりごとを続けます。

「シロップを売ったお金で大きなろうそくを買うことにしよう。セラメヌのより大きいのを」

「穴だらけで風が吹き抜けるキアパトの半ズボンには悪いけど」

そしてドジヌはそんな生活を思って、地面につばを吐き、舌打ち《チップ》しました。

「クリスマスには子豚が買えるかもしれない。やせた子豚が。それにパンノキの季節だわ。クリスマスに豚を屠《ほふ》って、ブーダンとパテを作って、塩漬けにしよう」

「またフィフィヌが、味見《バイユ・グ》させろって豚の塩漬けの骨をちょうだいとくるかしら？　前は豆の中に長いあいだ入れっぱなしにしたもんだから（香りをとるためには二分ぐらい入れておけばいいのに）、味が全部飛んで腹が立った。でもブーダンのにおいをかぎつけて、ハイビスカスの垣根の向こうからこう言うに違いない。

『おはよう。今朝は調子どう？』

そんなことより、金の玉を買って金の首飾り《コリエ・グラン・シュ》でも作ろうかしら」

サヴァンナで牛が目に入りました。柔らかい緑の草のあちらこちらに黒くて大きな石がありました。

ドジヌはケタケタ笑いました。

ドジヌは「ファンス」で、アンティル出身の兵士が「ユーロッパ」の若い娘と結婚して、自分にはたくさん牛がいるのだという話をしたのを思いました。マルチニックに着くなり、兵士は花嫁を小さな家に連れていきました。花嫁は牛たちを見せてくれとせがみました。それならと日が暮れてから兵隊は、黒くて大きな石があちらこちらにあるサヴァンナに花嫁を連れていきました。兵隊は「ほら」と花嫁に言いました。遠くからだと確かに牛に見えたのだけれど、花嫁は「どうしてこの国では牛はみんな寝ているのかしら？」と不思議に思っていました。

若い「フアンスのベケ」だった花嫁は、家の中にいる生活とか、ヤマイモやパンノキの実でつくったミガンといった料理に慣れることはありませんでした。花嫁は家を出て、フランスに帰ったのでした。

ドジヌは次に、プエルトリコの牛について考えはじめました……牛をおろしにかかっていると、そのうちの一頭がフォールドフランスの通りに逃げ出しました。みんなパニックになりました。屋根裏部屋にあがる人たち、投げ縄を探しにいく人たち。そして、牛の「ジェネラル・ブフ」は町を走りまわり、滑ってドスンと倒れ……

牛はマンゴの皮で滑ったのでした。通路や屋根裏部屋、木の上にいた人たちがみんな駆け寄ってきて、それぞれが投げ縄を手にして言うのでした。捕まえたのは自分だ！

そうしたら、ドスン！　今度は、ドジヌが足を滑らせました。やはりそれもマンゴの皮でした。大びんが割れ、シロップがこぼれて広がり、地面や草に染みていってしまいました。集めても、小さな「ロキオ」（シロップで煮たココナツのお菓子）すらできないくらいでした。

それを見つめるばかりでした。

「神様《モン・ディエ》、神様《モン・ディエ》、わたしが何をしたというのでしょう《サ・モワン・フエ》？」

やせた豚はおあずけ。大きなろうそくもおあずけ。

「さらばマドラス！　さらばスカーフ！　さらば金の首飾り《コリエ・グラン・シュ》！」それでもドジヌには慰めてくれる

人がいません。ひとりで子供たちを育てているのです。

「サトウキビのシロップは永遠になくなってしまった！」

ドジヌは、赤茶色のバナナの葉でつくったピンクと緑のクッションを拾いあげ、嘆き悲しみながら家へ続く道を戻ります。

「ああ《アー》！　貧乏はつらい《ラン・ミゼ・レド》！　貧乏はつらい《ラン・ミゼ・レド》！」


一匹のサルがマンゴの木の枝に隠れていて、ドジヌが立ち去るのをじっと見ていました。マンゴの皮を投げておいたのでした。うれしそうな叫び声をあげながら木からおりてきて、赤アリがやって来ないうちにシロップをすっかり舐めて、地面につばを吐きました。そしてこう言うのでした。


「貧乏はつらい《ラン・ミゼ・レド》？　貧乏はつらい《ラン・ミゼ・レド》？

いいや《ノン》！　貧乏はつらくない《ラン・ミゼ・パ・レド》！

貧乏は甘い《ラン・ミゼ・ドゥ》！」


それからというもの、サルはサトウキビのシロップ売り《マシャン・シロ・パトリ》が来るのを待っていましたが、もう誰も通らなくなりました。

そこでサルは神様に会いにいくことにしました。扉をたたいて天に入りました。貧乏を少しもらえないかと神様に頼みました。

「少しばかり貧乏をだって？」神様はサルに言います。「冗談だろう、サルよ」

「いいえ、神様、貧乏は甘いから貧乏になりたい」

「息子よ」神様は答えました。「貧乏はつらい、つらいものだぞ」

「甘いのが貧乏。神様、貧乏をください」

サルがしつこくせがむので、神様は聖エクスペディを呼んで「この者に貧乏をやりなさい」と言いました。

　すると、聖エクスペディは、サルに卵をふたつ渡しました。

　サルはそれぞれの手にひとつずつ卵を持ちました。サルは地上におりると、「貧乏」で得をするのが間違いなく自分だけになるように、ひとけのないサヴァンナに急いで身を隠しにいきました。

　そこでサルは卵をひとつ宙に投げました……

　恐ろしい牙をもつ大きな犬が出てきました。

　サルはもうひとつの卵を投げました！

　するとブルドッグが出てきました。

　二匹ともうなり、ほえながらサルをとり囲んで、首やひざ裏やお尻に続いて、頭まで噛みました。

　サルはこぶしで胸をたたきながら逃げ出しましたが、犬たちに捕まるのでした。

　もっと速く走ろうとサルは尻尾を脇に抱えますが、犬はすぐうしろにいます。

　すると、とげだらけのレピニの木がありました。サルはとげが刺さるのもかまわずのぼり、下にいる犬たちは必死にほえていました。そこでサルも大声をあげました。

「ああ《アー》！　貧乏《ラン・ミゼ・レド》はつらい！　貧乏《ラン・ミゼ・レド》はつらい！」

　その日から、サルたちは尻尾を脇に抱えて歩き、犬をとても怖がるようになったのです。

二十二　ペ・タンブ・ア！

「日曜日、教会の行列を台なしにできるかどうか賭けをしよう！」その黒人《ネグ・ラ》は言いました。

それは少々度の過ぎた賭けでした。しかし太鼓の名手のキンソンは、神父にちょっと仕返しをしてやらなければならなかったのです。

ある日、キンソンは結婚をするために神父に会いにいきました。

「結婚がしたいのかね？」神父は言いました。

「はい、神父様、戦うのは終わりです《モワン・フィニ・バト》」

「それは結構」神父は答えました。「とても結構なことだ」

「いくらかかりますか、神父様？」

「そうだな。鐘を一回鳴らすのに百フラン、三回鳴らせば二百フランだ」

キンソンは頭をかきました。

「三回は高すぎだ！《トロワ・フト・サ・シエ》　でも一回ではもの足りないぞ《フト・サ・メグ》」

キンソンは、鐘を一回しか鳴らさないのは恥だと思って言いました。

「考えなおして《モワン・ケ・レフレシ》、また来ます《エ・モワン・ケ・ルヴィニ》」

キンソンは帰り道で思いました。

「木の鐘を鳴らして結婚するのか《モワン・マイエ・ア・ラ・クロシュ・ドゥ・ボワ》、ツグミも弾丸を食らえばしようがない《ザフエ・キウ・メル・キ・プラン・プロン》！」

それから物事がうまく運んで、たくさんの人が同時に結婚したので、安く収まって、カリヨンまで鳴らされることになりました。

キンソンは正式な奥さんと腕を組んで、奥さんは黄色い花柄の赤いドレスを着て……他の花嫁や花婿と広場をひと回りしました。大きく開いた黒い日傘をさしていたのはキンソンでした。というのも朝の十一時で、日の光が熱かったからなのです。みんなが待ちに待った日でした。キンソンは神様の掟にしたがって結婚しました。地獄に落ちないことは確かです。とはいっても、自分みたいな貧乏人にまで結婚式の鐘に高いお金を払わせるような神父様には、ひと泡吹かせてやってても悪いことではないでしょう。


世間は日曜日の行列の話で持ちきりでした。カリタンの粗末な聖堂はすでに花と果物で飾られていましたが、それは式のあとで信徒たちが持ち帰ります。


ついにその日となりました……

行列がきちんと進んでいきます。まず最初に小さな女の子たちで、肌が黒かったり、黄色かったり、赤かったり、髪が縮れていたり、巻き毛だったりしていて、みんな白い服を着て、白い花の冠をかぶっています。

この子たちの真ん中では「マリアの子」といわれる肌が黄色くてかわいらしいムラートである行列の女王が優雅に歩いていて、そのまわりでは小さな天使が聖母像を腕に抱え、合唱しながらついていきます。

続いてやってくるのは年をとった人たちで、すその長い「大衣装」を着て、透かしになっているマドラス織のスカーフをかぶり、大きな金の飾りをつけていました。

最後に、靴をはいてネクタイをしめた男の人たちがいました。男の人たちは天蓋につき添っていました。その天蓋の下には合唱隊の子供たちに囲まれて、のりづけをしたレースの祭服を着た神父がいました。行列の通り道にある家々は、花をあしらったココヤシの葉で飾られていました。窓には色とりどりの壁掛けの織物や刺繡、ヴェルヴェットや絹の織物がかかっていました。

多くの家では仮の祭壇が置かれました。色つきのガラス球がちりばめられた質素な仮の祭壇や古い織物、クリスタルグラスをかぶせたランプ、いくつもに枝分かれした銀の燭台で飾られた豪華な仮の祭壇でした。

信徒たちの財産が全部おもてに並べられました。聖母マリアの行列をお祝いするのに、やり過ぎということはありませんでした。

そうこうするあいだ……

太鼓の名手は自分の仕事にとりかかりました。町の入り口にあるカタルパの木の下に、すでに座りこんでいました。溝の中に腰をおろし、ベレの太鼓を股にはさんで、待ちかまえていたのです。

カリヨンが鳴ると、男たちの低い声が子供たちの高い声とひとつになって、ホサナ賛歌が天に向かっていきました。行列がカリタンの道をゆっくり進んでいきます。風が熱帯の空の下でおどっていました。

ドン！　大きな太鼓の音が、ベレの始まったことを告げました。太鼓の名手はドン！　ドン！　ドン！　と鳴らしました。

きちんと整列した行列は、何ごともなかったかのように行進を続けました。小さな天使たちは驚いて微笑《ほほえ》みました。そしてしばらくすると、みんなベレのリズムにあわせて行進しはじめました。遠くではサトウキビ畑が、翡翠《ひすい》やアメジストの色合いをした海まで広がっていました。まったく穏やかな日でした。

それでも太鼓はさらにリズムを速めていきました。信徒たちは木の根や石のせいで地面が歩きにくいにもかかわらず、足どりを速めました。

今やあらゆるものが光に浸り、太陽が燃えさかっています。ベレの音が興奮を誘い、みんなおどりたくなりました。連禱や賛美歌や祈りがビギンふうになりました。

太鼓の名手は腰をかがめ、行列のあとをつけ、先回りするとなおいっそう激しく山羊の革をたたくのでした。

神父様はいら立って、下男に言いました。

「これ、公衆のお祈りの邪魔だと太鼓の名手に言ってきなさい」

下男はすぐに男を見つけました。太鼓にまたがって座り、サトウキビ畑の中、太鼓の名手は腕を振るって太鼓をたたいていました。ドン！　ドン！

下男は前に出ると、リズムに乗って杖で地面を打って歌い出しました。

「神父様がおっしゃった《ミシエ・ラベ・ディ》、った《エ・ディ》、った《エ・ディ》
太鼓をやめろ《ペ・タンブ・ア》」

下男はおどり続けます……

神父様は下男が戻ってこないのを見て、行列の女王を急がせました。

太鼓の魔法にかかった女王が、歌いながらやってきました。

「神父様がおっしゃった《ミシエ・ラベ・ディ》、った《エ・ディ》、った《エ・ディ》
太鼓をやめて《ペ・タンブ・ア》」

太鼓の名手の力は、まだこんなものではありません。指が弾み、音を鳴らしました。目をうっすら開け、頭をゆらし、歯を見せて笑い、足とひざでリズムを取って、音楽に集中してうれしそうな顔で山羊の革を強くたたくのでした。夢うつつの様子でした。

その前では、下男と女王が向かい合ってビギンをおどっていました。

神父様は、行列の女王が戻ってくる様子がないので、従者たちを送りました。

従者たちは太鼓の音にのって、飛び跳ねながら進んでいきました。

「神父様がおっしゃった《ミシエ・ラベ・ディ》、った《エ・ディ》、った《エ・ディ》
太鼓をやめろ《ペ・タンブ・ア》」

従者たちがやってくるのが目に入ると、太鼓の名手は声をあげました。

「子供たち《ママイユ》！　もっと声を《バイユ・ラ・ヴォワ》！」

乱痴気騒ぎになりました……

みんな歌いながらおどり、声のかぎりに歌いました。

気づかないうちに、行列はなくなってしまいました。天蓋の下、まじめな男の人たち数人とだけ一緒にとり残されて、神父様は自分で太鼓の名手のところに行くことにしました。

すると神父様も同じで、前に進みながら歌を口ずさみました。

「神父様がおっしゃった《ミシエ・ラベ・ディ》、った《エ・ディ》、った《エ・ディ》
太鼓をやめろ《ペ・タンブ・ア》」

神父様はスータンのすそを持ちあげました……

目に入ったものといえば何でしょう？　信徒たちがみんな羽目を外して、おばあさんたちでさえビギンをおどっているのでした。

いまいましいちくしょうだ！

神父様は怒りで顔を真っ赤にして、まさに呪いの言葉を吐こうとしたとき、自分も服のすそを持

ちあげておどっていることに気がつきました。

逆上してスータンのすそをおろすと、いまわしいベレに弾む声で、太鼓とおどる人たちを呪うのでした……

神父様は大股で、この堕落の場から逃れました……神父様はそのことを忘れてしまうために、揺り椅子に座ってパンチを一杯飲もうと、つるでできたあずまやへ行きました。

神父様が司祭館へ帰ってくるころ、太鼓の革が破れました。

雨季の雨、まさに土砂降りの雨がおどる人たちの上に降り注ぎました。手やスカートで頭を覆って、大きな笑い声や叫び声をあげながら、おどる人たちは散り散りになりました。

太鼓の名手は奥さんに家から閉め出され、神聖なものにたて突いたことを告解しに行かされました。

太陽が戻ってきました……再び静けさがあたりに広がりました。鐘にも、祈りにも、空にも、人々の魂にも。

二十三　ウサギどんのいたずら

ウサギどんは闘鶏場《ピット》でゾウどんに会いました。それぞれが「コックゲーム」で鶏を戦わせて、島じゅうの人たちをそこに集めるのがねらいでした。興奮で顔を真っ赤にしてパナマ帽を目深にかぶった太った男たち、ドリル織の背広を着たはだしの黒人、まだ母ちゃんと一緒に住んでいるような若造《チ・ジュヌ・ア・カズ・ママン》たちです。

こういった人たちがみんな踏み固められた闘鶏場の周りに立っていて、竹で作られた囲いにひじをついている人もいました。ひいきの客たちは何人かベンチに座っていました。

鶏はセントルシアから取り寄せられました。大切に育て、子牛の肝臓をつぶして、マデイラワインとゆで卵に砕いた丁子《ちょうじ》を混ぜたものを餌として与え、ベイラムが塗られていました。

戦いが始まろうとしていました。対戦相手同士のウサギどんとゾウどんは、鶏のけづめに毒が塗られていないことを観衆に証明するため、けづめを舐めました。

中心となる賭け以外に、それぞれが個人的な賭けをしていました。こっちでは馬を、あっちでは奥さんを、別の人は丸木舟を賭け……

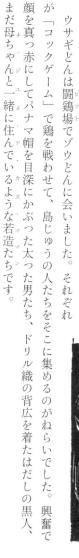

鶏たちが放たれました。ラゲール対ヴォルカンです。

すると思いもよらない、驚くことが起こりました。ウサギどんの鶏が雌鶏《めんどり》の声で鳴いたのです。

会場全体から怒号が起こりました。勝負なしになりました。

しかしゾウどんは納得しませんでした。ウサギどんをこてんぱんにしようと前に進み出ました。

怒鳴り声をあげながら向かい合いました。

「力には力を《ラ・フオス・エ・ピ・ラ・フオス》」

長い話をしたあと、知恵比べで決着をつけることにしました。つまり、平手打ち合戦で勝ち負けを決めることにしたのです。

対戦相手がそれぞれかわりばんこで朝、コーヒーを持っていき、コーヒーを差し出した瞬間に平手打ちをするのです。

サイコロをふって、まずウサギどんがゾウどんにコーヒーを持っていくことになりました。

「小さい斧が大きな木を倒す《チ・アシュ・カ・アバト・グラン・ボワ》」友人たちがウサギどんに言いました。

翌日、お告げの鐘が鳴るころ、夜明けの暗がりの中、ウサギどんは銀のお盆にコーヒーをのせてゾウどんに持っていきました。

「トントントン、ゾウどん。コーヒーをとりに来て《ヴィニ・プラン・カフエ・ウ》」

扉が開くと、ウサギどんはゾウどんに片手でお盆を差し出しました。そしてもう片方の手で見事な平手打ちを食らわせました。

「腹を殴ってやったぞ《アン・ボン・カロト・プ・ブダン・ウ》」

ゾウどんはまっすぐ立ったまま《レド・コム・アン・ゾバン》、平手打ちをされたことさえ感じていませんでした。

「明日にはウサギが降参するぞ《デュマン・ラパン・フィニ・バト》！」と思いました。

ウサギどんは考えました。「明日は自分が平手打ちをくらう番だ」

心配になって、気をまぎらせるために口笛を吹きながらぶらぶら歩きました。そしてヒツジどんに出くわしました。

「やあヒツジどん。元気かい？」

「まあまあだね《ピアム・ピアム》」

「暑いからうちに涼みに来なよ。おいしいココヤジュ（タフィアにココナッジュースを混ぜたもの）があるから飲みに来るといい」

「断るつもりじゃないけど、プチ・パンチのほうがいいな」

「そりゃちょうどいい！　上等なカレタンのラムがあるよ。干しスモモを漬けておいた」

話し合ったりじゃれ合ったりしながら、小屋に到着しました。そしてテーブルにつきました。テーブルには、日の光のような金色をしたラムのボトル、サトウキビのシロップのボトル、そしてライムがありました。

ウサギどんの家は完璧とは言えませんでした。独り身だからです。パンチを混ぜるための小さなスプーンすらありませんでした。

「スプーンなんて全然いらないよ」要領のいいヒツジどんは言いました。「ふたつの液体が混ざってまろやかになるから」グラスをまわし、一息でパンチを飲みました。そしてカラフの水を飲み、葉巻に火をつけました。

二杯、三杯とパンチを飲んで、「また今度」と別れの杯が交わされました。

「まだ行かないでくれよ」ウサギどんは言いました。「うちのバナナ園を見に行かない？」

ウサギどんはこうしてヒツジどんを夜まで引き止め、夕食に招きました。

「ヒツジどん、世間でも評判の夕食を断るというのは不躾《ぶしつけ》というものだよ。献立は唐辛子のきいた豚とプチ・マシシのラグーにバルバディンのジャムさ」

ヒツジどんは言われるがまま誘いに乗りました。夜になって、雲のない一面の星空になりました。

「泊まっていってよ」ウサギどんが持ちかけました。「もうしばらくするとゾンビに出くわすことになるよ」

「それに、僕の混血《カプレス》の彼女にも会えるし。朝になったら会えるから。ベッドまでコーヒーを持ってきてくれるんだ。蛇みたいにしなやかでね《イ・トティユ・コン・アン・セパン》。彼女が入ってくると、部屋がパッと明るくなる。彼女は声をあげて笑うんだ」

ヒツジどんは言われるままにしました。

ベッドに入る前に、ヒツジどんとウサギどんはヴァタンクシエ（ラムが入った飲みもの）を飲んで、ウサギどんは、友人のヒツジどんのためにたっぷり気遣いをしました。蚊から守るために固くのりづけした綿の帽子を渡し、念入りにかぶせてやりました。

ヒツジどんとウサギどんは同じ部屋で寝ました。

翌日、誰かが扉をたたきました。トントントン。

それは、銀のお盆にコーヒーをのせて持ってきたゾウどんでした。

「ヒツジ《ムトン》！　ヒツジ《ムトン》！　起きて《レヴエ》」ウサギどんは声をあげました。「ほら混血の彼女だ《ミ・テイ・カプレス・ラ》」

粗いサトウキビのシロップみたいにとろんとした目のヒツジどんが、扉を開けるために起きあがりました。

暗がりにいるゾウどんは手を出すと、バチン！……大きな平手打ち《パパ・スフレト》をくり出しました……ヒツジどんは脳みそが天井まで飛んでいきました。

せむしがこぶがなくなったことを喜ぶみたいに、ウサギどんは毛布に入りこんで死んだふりをしました。

これで一件落着ではありません。

ゾウどんが驚いたのは、ウサギどんがまだ生きていることでした。そして再び、ウサギがゾウに平手打ちされる番が自動的にやってくることになりました。

ウサギどんは心配になりました。うれしそうな顔をして、鞭を手にして、新たにだまされる人を探しながら、ぶらぶら歩きました。誰にも会いませんでした。けれどとうとう、腕の下に尻尾をかかえて、敬虔なキリスト教徒がひざまずくことで黒ずんだひざみたいなおしりをしたサルがあらわれました。

ウサギどんはパンチを飲もうと誘いました。サルは誘いにのりました。なんてラムだ！

ウサギどんは夕飯に誘いました。シリク（ザリガニ）のいいにおいとクリストフィンのグラタンの香りがする！　それにウサギが語ってくれたコーヒーを持ってくる美人の姿を見てやろうと思って、サルどんは泊まることにしました。考えてもみてください。「彼女は彫刻みたいな美しさで、ヴェチヴェルのにおいがするんだ。肌は絹みたいで。それに彼女が歌を歌うと、夢の国にいるような心地になるんだ」

寝る前に、ウサギどんは蚊に刺されないようにとサルどんにちゃんと帽子をかぶせてやりましたが、サルどんは寒がりで、シーツ一枚では満足いかず、アンティルのならわしにしたがって羊毛でできたあたたかい毛布をくれと言いました。


翌日、誰かが扉をたたきました。トントントントン……

「サル《マカク》！　起きて《レヴェ》」ウサギどんは叫びました。「ほら《ミ》、混血の彼女だ《ティ・カプレス・ラ》」

サルどんは毛布をかぶりました。

ドンドンドン。ゾウは強くたたきました。

「サルどん、あいさつのキスをしにいってやってよ《アイユ・ボ・チ・ママイユ・ラ》」

サルどんは、扉をたたく音にいら立って、そのテンポが速く、乱暴になったからなおさらのこと死んだふりをするのでした。

ウサギどんは動きません……

ゾウどんが扉を破って入ってきました。

サルは毛布の下からあらわれて、ゾウの背中に飛び乗ると、扉の枠にぶら下がって、一目散に逃げていきました。

ウサギどんとゾウだけになりました。ウサギは床に飛びおりました。今だ！　ゾウどんは、ウサギがまだベッドの中だと思いこんで、シーツを探りました。

ゾウは太っているので、出口がふさがれています。

ウサギどんはベッドの下にもぐりこんで、びくびくしていました。ゾウはウサギがベッドの中にいないので、その下を探りました。すると、抜け道ができました。しかし、ウサギには逃げる間がなく、ゾウどんに足をつかまれました。

「おしまいだ」と思いましたが、完全にあきらめてはいませんでした。抜け目がないからです。ウサギは笑い出しました。

「ゾウどん、僕の足をつかんだと思っているんだろうけど、実際には鉄のベッドの枠をつかんでいるんだよ」

間抜けなゾウが足を放すと、ウサギは逃げていったのでした……

闘鶏場に来る人は、みんなゾウをからかいました。

ゾウのコックゲームはなかったことになりました。ゾウが負けたと判定されたのです。

そしてゾウはアンティル諸島を離れ、二度と戻ってくることはありませんでした。

二十四　またしてもウサギどんのいたずら

ウサギどんはひとつかついでやろうと、トラどんを探してい《テ・カ・シエシエ・バディネ・》まし《ティグ》た。

雨季といって雨の降る時期で、アンティル諸島では台風の季節でした。日の光が地面に重くのしかかっていました。海は水銀の湖のように輝きました。牛たちはカンペシュの木の下に隠れ、海鳥たちはマングローヴの下、鶏たちは木の下に寄りあって涼しさを求め、やせた豚たち《コシヨン・プランシュ》と太った豚たち《コシヨン・バリク》は日陰に横たわって、塊《かたまり》みたいに重なりあっていました。風がちっとも吹かないのです。

ウサギどんは、マオ・クザンの縄を背負って丘をのぼり、口笛を吹きながら両手をポケットに突っこんで、まるで立派な名士《アン・マタドール》みたいでした。それでも急いでいるようでした。

ウサギどんはトラに出くわしました。トラどんは奥さんと一緒にマニオク畑の草とりをしていました。小屋からずいぶん離れていました。

「おい！　ウサギどん、ちょっとのあいさつもできないぐらいに急いでいるのか」トラはウサギどんに大声で言いました。

「そうなんだ。まるで悪魔にうしろをつけられているみたいに《コン・シ・ディアブ・テ・ダン・キウ・モワン》急いでるんだ。荷物とうちの奥さんと子供たちを安全な場所に連れていくために走ってるんだ。ひょっとしたら、うちの奥さんは何もわかっていないかもしれないんだ。間抜けみたいにバルコニーでひと息つくぐらいだから《イ・トラン・キル・コン・バティスト・カ・バルコネ》ね。そして、神様がお守りくださるといいんだけど、死神が近づいてきているんだ」

「いったい何のことだい？」トラは答えました。「こんなにもいい天気じゃないか」

「まさにそう」ウサギは嘆きました。「もっともすごいことは隠されているもの《ラ・プリ・ベル・アン・バ・ラ・バイユ》。今朝、嵐を知らせる塩の雨が降った。小鳥たちがやってきたけど、へとへとになっていた。風より速く飛んできて、死んで小屋の前やサヴァンナに落ちてきたんだ」

「嵐が来ているんだ……クリストバルから。もう少しでここまで来る。あそこにある風車が宙に舞うのが見えるころになったら、ここに来たことになる。海をかき混ぜて、漁師や船や魚たちをみんな巻きあげるかもしれない」

「海面が三十メートルとか五十メートルまで上がって、荒い波を立ててうなるだろうよ。陸では小《トゥ》さな木や草がみんな《ト・チ・ピエ・ボワ・トウト・ゼブ》根こそぎにされることになる。風を吹かせるために悪魔の腹が開いたんだ」

「僕が子供だったときに《アン・タン・モワン・テ・チ・ガソン》、お父さんが目にした台風の話をしてくれたことがある」

「ヤシの木とココヤシの木のてっぺんが飛ばされて、風にやられなかった幹だけが残されて、墓石みたいになっていたって。木たちは風と戦ったけど、いちばん太い木でさえ根こそぎにされた。白人の女の人の中には、タマリンドの枝に引っかかって、枝で宙に持ちあげられて、ほどけた長い髪がからまって、ぶら下がっていたのもいたんだって。動物たちの鳴き声が、かみなりと風、水の音に混ざり合っていたって。トタン屋根が羽根みたいに飛んで、外にいた人たちの頭の皮をそいだんだって」

「不幸が空から降ってきたんだ」

「もうおしゃべりしている時間なんてない。急いで扉と窓に釘を打ちに行かなきゃならない。パパ・オグエが風を送ってきたんだ。ゾウどんの風車小屋まで逃げる時間もないだろうよ。それにうちの奥さんと子供たちをこのマオの縄で庭にある大きなタマリンドの木にくくりつけに行かないと。根っこが小屋の下、山や海の下まで伸びているから、パパ・オグエの風にも持ちこたえるだろうからね。じゃあね《バイユ・バイユ》、トラどん！」

トラどんはマユンべを置くと、ウサギの足元にひざまずいて言いました。

「行ってしまう前に俺たちの命を助けてくれ！　俺と家内をパパ・オグエの風と同じくらい強いサブリエの木に縛ってくれ！」

そう言われることを、ウサギは期待していました。

手早くトラどんと奥さんを縛りました。

そしてさっきよりも大きな口笛を吹きながら、大急ぎで姿を消してしまいました。


ウサギどんはまっすぐトラどんの家に向かうと、扉が開いていたので、楽々と小屋を空っぽにしはじめました。

マニオク粉、ヤマイモ、タフィア、タラ、砂糖、見つけたものは全部盗みました。トラどんのたばこ、たばこ入れ、トラの奥さんの金の首飾り《グラン・ドール》を取り、袋を背負って、ご機嫌で帰りの道につきました。

小石を投げつけるような、すごいにわか雨が降りました。雨がトラどんと奥さんの骨まで浸みました。

空が再び青くなりました。囚われの身となったトラ夫婦は助けを求め始めました。「うえーん！うえーん！」

そこを通ったゾウどんが、その呼ぶ声を聞きました。駆けつけてみると……サブリエの幹に背中をぴったりくっつけて、縄でぐるぐる巻きにされたトラどんと奥さんが雨でびしょ濡れになっていました。ゾウどんは縄をほどいてやりました。

「こりゃプチ・フ（プチ・パンチ）を飲むにもってこいだ」ゾウどんはそう言うと、タフィアがたっぷり入ったひょうたんを取り出しました。

ゾウどんがあんまりにも大きな口をあけて笑って、その口の中が真っ暗な廊下みたいに見えたほどですが、トラの奥さんは機嫌を悪くして、それが目に入らないように、遠く遠く、水平線の向こうを見ていたのでした。

二十五　ウサギどんとトラどん

むかしむかし、とあるいいベケが、美しい泉のわく農園に住んでいました。澄んだ水はまるで水晶のようでした。中にはボウフラ一匹いませんでした。毎晩、女の人や子供たちが列をなして、ひょうたんを抱えて泉へと水を汲みに行くのでした。町の人たちでさえもそこに来ていました。

激しい風が吹くときには、ひょうたんがたてる音が否《いや》が応でも聞こえました。そして風の音が、ひょうたんを持つ人たちの頭の上で、動物の鳴き声みたいに響くのでした。

四旬節（乾燥した季節）のあいだ、泉は人々でとても混みあっていました。動物たちが水を飲みにやってくることを別にしてもです。

そんないい泉が長続きするわけもありません。ねたむ人たちがいるからです。

ねたむ人だって？　困った連中だ《セ・ナシヨン・キ・モディ》。というのも、ねたむ人というのは、いつも寂しがり、いつもしかめっ面をして、いつも人に食ってかかり、怒ったトカゲみたいに頬をふくらませ《カ・ゴンフレ・マジヨル・ヨ・コン・ザンドリ・アン・コレ》、口はシロッ《ギヨル・》プみたいに古びたお世辞を探してベタベタしている《エペ・アンケト・グロ・シロ・デファン》のです。

マニクが犬を見るみたいに両目を回して《カ・ルレ・ジュ・コン・マニク・キ・ヴエ・シャン》、いつも不満で、何でもかんでも、自分には役に立たないようなことでもねたむのです。

ベケが葉巻を吸いながら扉の前に座っていたある日、泉の周りに人だかりができていることに気がつきました。ひょうたんがずらりと並べられて……ずっと話を続けていたのです。

「ラポキオトや、ラポキオトや。おい、ちょっとおいで」ベケは言いました。「泉の近くに何が見える？」

「ご主人様、たくさんの人が泉の周りに集まっているのが見えます《モワン・カ・ヴエ・メト・オ・コン・サ・ムン・アサンブレ・ボド・ラ・スス》。まるで蛇を見た小鳥みたいに、人々が騒いでいます《カ・パレ・カ・パレ》……」

「それではここに残って、留守をしておきなさい。下で何が起きているか見てくる。ソンソン坊やを呼んで、コケトに鞍をつけて連れてこさせなさい」

そしてムッシュは馬のコケトに乗って、ギャロップでパカパカと行ったのでした。すぐに泉の近くに着きました。そしてムッシュが目にしたものといえば何でしょう。みんな空っぽのひょうたんを手に、泉のまわりの糞の山（失敬！）を見ているではありませんか。

黒人たちが、糞を怖がるのはよくご存知でしょう。

良心にしたがって、ベケはふたりの年老いたクーリーを連れてこさせ、半分に切ったひょうたん二杯分のタフィアと引きかえに、泉をきれいにさせました。

泉がきれいになると、それぞれ自分のひょうたんをいっぱいにして、自分の家へと帰っていくのでした。

翌日、またしても同じことになりました。数日間、同じことが続きました。

ベケは言いました。

「これはあんまりだ！　毎日用を足しに来る不届き者を捕まえねばならん《カ・ヴィニ・トゥ・レ・ジュ・フェ・フォンクション・リ・ダン・ロ》」

その翌日、鳥たちが起きないうちに、ベケは農園のすべてのパンノキの木に傷をつけて、ありったけのとりもちを集め、大きなとりもち人形を作りました。ベケは人形の両目に赤い種をつけて、泉の横に座らせておきました。その手には、タラのアクラ（コロッケ）でいっぱいの皿を持たせました。

まだ夜は明けていませんでした《ジュ・ポコ・テ・ウヴェ》。どんな動物よりも先にウサギどんがやってきました（ウサギというのがどれだけ早起きかご存知でしょう）。

ウサギは水の中で「用」を足しにやってきました。すでにお察しのとおり、泉を汚しにくる張本人はウサギだったのです。

ウサギにとってはどうでもいいことでした《イ・テ・ビヤン・フバン》。なぜならご存知のとおり、ウサギというのは水を飲まないからです。ですが、自分は利用しないのに他の人たちがこの水を利用しているのをねたましく思っていたのです。

ウサギがやってきてまず目に入ったものは、とりもち人形と、その手に持ったアクラの皿でした。

ウサギは用を足して、とりもち人形とおしゃべりを始めたのですが、ウサギは人形を本物の人間と思っていました。とりもち人形にお世辞を言って、少しばかりアクラを頂戴しようとしました《カ・エセイエ・パセ・リ・グロ・シロ・プ・トラペ・チ・プラン・ザクラ》。

「おはよう、今日はずいぶん早起きだね」

「ところで手に持っているのは何だい？　タラのアクラだね《セ・ザクラ・ラン・モリ》。何ていいにおいなんだ《フト・ヨ・カ・サンチ・ボン》。唐辛子も忘れず入れたんだね。こう言うのもなんだけど、もちろんひとつぐらいくれるよね」

でくの坊が、いったい何を答えるでしょう《ガデ・シ・バン・ア・カ・レポンド》。

ウサギさんはイライラしはじめました。

「ちくしょう、熟《う》れた唐辛子みたいな目でこっちを見るだけで、口もきかないで。耳が聞こえないのか？　青白い顔しやがって！　それともお前は口がきけないのか？」

ああ！　もう！　返事がない。

ウサギさんは地団太を踏みはじめました。とりもち人形のほうへ近寄って、手を振りあげました。

「答えるか答えないか、どっちなんだ」

「答えるつもりがないんだな？　なんて奴だ！　殴るぞ！」

ウサギどんは怒って右手で力いっぱい平手打ちを食らわせました《リ・フ・リ・グロ・スフレト・エ・ピ・ラン・マン・ドロワト・リ》。

手がくっついてしまいました。

「離せと言ってるだろ《ラゲ・モワン・マン・カ・ディ・ウ》」

「離さないんだな《ウ・パ・ヴレ》！　いいだろう！　もう一発左を食らえ《ミ・プ・ト・アンコー・パン》！」

ウサギは怒って左手で平手打ちを食らわせました。

左の手がくっついてしまいました。

ウサギさんは怒り狂って分別を失いました。足蹴りを続けざまに入れると、両足がくっついてしまいました。

頭突きをすると頭がくっついてしまいました。

しまいにはお腹に力を集めて、お腹をぶつけました。ブーダンの一撃です。

お腹がくっついてしまいました。

ウサギは恐ろしくなりはじめて、怒りも収まってきました。森の中の一枚の葉っぱのように震えました。罠にはまった《アン・ザトラプ》ことに気づきました。

そのあいだ、ベケはというといばらのしげみに隠れて見ていました。ろくでなしのウサギがとりもち人形にくっついたのを見ると、前に進み出ました。

「ああ！　お前が水を汚していた悪党だな。自分が水を飲まないからといって、他人が飲むのを見てねたんだというわけだろうが、そうはいかないぞ！」

ベケはウサギどんを捕まえて、大きな木のほうへ引っ張っていき、持ってきた縄を手にとるときつく縛りあげて言いました。

「悪さをした場所で罰を受けるがいい！　縮みあがって尻の穴をしっかり閉めておけとだけ忠告してやる。家に戻って、熱く焼けた鉄をとってくる」

そうしてベケはウサギを縛りつけたままにして、その場を離れました。

ウサギはというと、馬鹿ではなかったので、状況がよくわかっていました。ウサギは大声で泣き出しました《ウィル・メテ・レレ・デロ》。「うえーん！　うえーん！　神様、おゆるしを！　二度としません！」

泣きに泣きました《イ・レレ・イ・レレ》。そこを通りがかった一頭のトラが近寄って言いました。

「何があったんだ、そんなふうに大声で泣き叫んで？」

「どうしたって見ればわかるでしょう」

「こんなことがあったんだ。僕はベケのリンゴキャベツの畑沿いに歩いていた。お腹が空いて、食べ物が欲しくて畑に入ったんだ。でも、ほらこうやってベケが罠を仕掛けていてね、体がくっつい《モワン・プリ・》てしまったんだ《コー・モワン》」

「ベケがやって来るとこう言った。

『キャベツを食べているのはお前だな』

僕はこう答えた。『違う、ベケ、僕じゃない！　ただの通りすがりで、片脚が罠にかかってしまったんだ』

『なるほど！　通りすがりだと言い張るんだな。よろしい！　逃げられないように縛ってやる。いましめに、うちの群れの中でもいちばん立派な仔牛を連れてきてやろう。全部食べられなかったら、骨の一本でも残そうものなら、いいな！』知っているだろ、トラどん。僕が食べるのは草で《セ・ゼブ・モワン・カ・マンジェ》、どうすれば牛なんて食べられるっていうのさ」

そしてウサギは再び泣き《レレ》出しました。「うえーん、うえーん……」

トラどんは死ぬほど笑って、言いました。

「お前はそんなことを怖がっているのか。泣くな。なんてことはない。ほどいてやるから、お前はかわりに俺を縛るんだ。あとでわかるから」

ウサギを放してやると、トラどん本人はうしろ足で立ち、そして前足を上にして、しっかり木を抱きかかえる姿勢になり、それをウサギが木に縛りつけました。

ウサギさんはカニにするみたいに、ぐるぐる巻きでトラを

縛りました。

トラどんがしっかり縛りつけられ、逃げられないのを見ると、ウサギは声をあげて笑い出しました。

「さらば《アディエ》、よき友よ《ボン・コンペ》。尻尾をぴったりとお尻にくっつけておくようにとだけ忠告しておくよ《トゥ・サ・マン・ペ・ディ・ウ・セ・セレ・ラ・ク・ビヤン・フォー》」そう言うとウサギは、さっとしげみの中に姿を消しました。

赤く焼けた鉄を手に戻ってきたベケは、ウサギどんのいた場所にしっかり縛られたトラどんがいるのを目にしました。トラは背筋が凍って、肩を落としました。

「お前はそこで何をしているんだ、馬鹿者め」

そこでトラどんは、ウサギどんに言われたことを伝えました。

ベケはこう答えました。

「お前には気の毒だが、食い意地が張っているせいでウサギどんの身がわりになったのだから、代わりに罰を受けるがいい」

するとベケは尻尾の下、ご想像どおりの場所にですが、赤く焼けた鉄で烙印を押しました。トラどんは死んでバタンと倒れました。

トラは食いしん坊だったせいで罰を受けました。食いしん坊は悪いことだからです。

二十六　熱帯のクジラ

一隻の船がカリブ海を航行していました。風はあたたかく、海は紫色とピンク色をしていました。小さな白い雲が渡り鳥のように流れていました。穏やかな風が吹いていました。船の上ではみんな笑っていました。

船長は年寄りの白人でした。世界一周をしたこともある人です。世界の中でもとくに美しいのは、マルチニックの島だと言うのでした。「人が戻る島」と言われており、船長本人も戻ってきたことがありました。

船長は、セントルシアとマルチニックのあいだで取引をしていました。船は商品を運んでいました。めずらしく乗船客を乗せていました。インド人と中国人でした。

インド人は、貧しくて運のないクーリーでした。足は細く、きれいな目は悲しげで、大きなひげを生やしていました。

インド人は腰かけひとつと机ひとつ、オレンジの入ったかごひとつを持って、セントルシアの海《イ・》峡《テ・カ・パセ・カナル》を渡っていました。

中国人はちょっと冷酷で、すました顔をしていました。長いむしろを持っていました。このむしろの中には密輸する阿片と黄金、それにお金になるようなものがすべて入っていました。

船は帆に風を受けて進んでいました。魚が飛び、空中に優雅な円を描いておどり、水の中に戻っていくのでした。

まだ子供の見習い水夫は海を見ていました。水の精《ママン・ドウロ》でも見たかったのでしょう。水の精というのは魚の尾をした美しい女の人で、長い髪は黄色く、目は海の色をしているという話を聞いていました。

見習いは水の精が出てくるのを待っていました……

ある日、波に注意しながら船尾でロープを巻いていると、波間から水の精ではなく、クジラがあらわれるのを目にしました。

見習いは叫びました。「助けて！」

クジラは尻尾で一撃を加えました。船はぐらりと左に傾きました。甲板は水をかぶりました。船長と副船長、一等航海士、水夫たち全員が船のバランスをとり戻すために甲板に上がりました。

そのとき船の上の人たちが目を見張ると、クジラが船の周りを泳いでいるのが見えました。ひれを動かしていました。尻尾も動かしていました。行ったり来たりして、火山の噴火口みたいな口を開けていました。クジラはお腹が空いていて、食べものを欲しがっていたのです。

船の上の人たちは、まわりにあるものをなんでも投げこみました。パン、使い古した革の製品、タフィア、ラムの大樽、乾燥ニシンの樽、パンノキの実といったようなものです。

ドボン！　全部口の中に飲みこまれて消えてしまいました。

クジラは口をカチカチ鳴らしました。投げても投げても、クジラの食欲は増すばかりでした。

クジラが船のまわりに波のうねりを作るので、船は火山の上にいるみたいにおどりました。船は縦に横にゆれました。船乗りたちは転げてはまた立ちあがるのでした。

「沈没してしまう」ひとりの船乗りが言いました。

「大砲を打とう」別の船乗りが言いました。

帆を下ろし、大砲を打ちました。

クジラは逃げていくどころか、船の下に隠れようとしました。

インド人の腰かけをとって、船乗りたちがクジラめがけて投げると、腰かけは飲みこまれてしまいました。

テーブルを投げると、テーブルも飲みこまれてしまいました。

オレンジの入ったかごを投げると、かごも消えてしまいました。

クジラは満足したようで、海の上に浮かんでいました。しばらくすると、また勢いよく泳ぎ出しました。元気を取り戻したからです。

船は海の底に沈没するように深い波間に沈んでいくかと思えば、高い波の上で止まって、天に届きそうになりました。

どうすればいいのでしょう？

船長はインド人に目をつけました。インド人はいやな予感がしました。何だろうかと考えて、わかりました。インド人はひざまずきました。

「船長さん《ムシエ・リ・コマンダン》、お情けを《パ・モワン》、お情けを《パ・モワン・シエ》、お願いです《ス・プレ》、わたしはこんなにもやせこけていますから《ガデ・コン・モワン・メグ》、海に《パ・ヴォ》投げないでください《ワイエ・モワン・ラン・メ》」

　船長はインド人をつかむと、甲板から放り投げました。

「神様、おゆるしを！」

　年寄りのインド人は凧《たこ》のようにふわっと舞いあがって、ひげが扇のように広がると、ザブンとクジラの口の中にすっぽり入っていきました。

　やせぎすのインド人では足りませんでした。クジラはなおいっそうおどるのでした。船乗りたちは顔を見あわせました。

　中国人は平然としていました。蛇が鳥をにらむみたいに、小さな黒目を船長に向けていました。船長は背筋が冷たくなりました。どうしようか迷っていたのです。しかし船が飛びあがってから落ちると、不吉なきしむ音がしたのですが、それは悪魔が通り過ぎるときに鳴る竹の音と同じぐらい不吉なものでした。

　船長は副船長の手を借りて、中国人をつかむと、綿の塊みたいに甲板から放り投げました。

　中国人は、大きなむしろを風になびかせてザブンとクジラの口の中に落ちました。

　クジラはすぐにおとなしくなり、大きな浮標《ブイ》みたいに水の上に浮かびあがりました。ほとんど寝ているみたいでした。船乗りたちは、クジラに銛《もり》を打ちこみました。いとも簡単にいきました。血が海の上に流れました。海は真っ赤になりました。暑かったので、船乗りたちはあえいでいました。空が暗くなりました。目がくらむような稲妻が空に走りました。雲が割れ、空はラベンダー色に戻り、貿易風が吹きました。

「帆を上げろ！」船長が声をあげました。

帆がそよ風にふくらんで、船は動き始めました……

セントルシアに着きました。いかりをおろすとすぐに、クジラを砂浜にあげました。それをふたつに割った船乗りたちが目にしたのは……

中国人がインド人の小さな腰かけに座っていて、その目の前には机とオレンジのかごがあり、オレンジをゆずってくれと頭をさげるインド人に向かってこう言っているのでした。

「いいや、二スーじゃだめだ！　三スー……それにズボンも担保によこせ！」

二十七　テザンとジリアの恋
――ハイチの物語

当時ちまたでは、メネラスの娘のジリアの話題でもちきりでした。町の若い男たちはみんな、ジリアのせいで眠れなくなりました。しかしジリアの魅力的な顔立ちを若い男たちが目にすることはほとんどなく、とてもまれなことでした。そのような人たちは、詩人たちの空想や画家たちの筆先からしか生まれないものなのです。

男たちは誰もが文字どおりジリアに夢中になりました。ジリアの魅力から人もものも、動物でさえも、逃れることができませんでした。そのようにして、きれいな銀色をした魚のテザンもジリアに恋をしました。ある日、テザンは美しいジリアに、ためらうことなく思いを伝えました。魚はそれほどまでに丘の娘と恋人になりたかったのです。

テザンと恋人は、夜明けに川のほとりで落ちあう約束をしました。水の美しいさざめきは、この上なく美しい詩に値するほどのものでした。誰も水のほとりで会おうなどと思わないような時間に、ジリアとテザンはふたりきりで、恋人たちがするようなたわむれに身をゆだねたのでした。

昼のあいだ、メネラスの娘は心から愛するものに会いに行くための言い訳をいつも探しているのでした。

すべてがこんなふうに過ぎていきましたが、ある日不幸な出来事が起こって、何もかも台なしになってしまいました。

なぜだかよくわかりませんが、テザンはたわむれに水をにごらせました。当然のことながら、ジリアがひょうたんやかめに水を汲んだあとのことです。若い娘が行くたびに、川の水がにごりました。ジリアの弟のジャンは、決して澄んだ水を見つけられませんでした。

メネラスの家では、この現象が話のたねになりました。誰のせいかわかりませんでしたが、ジャンがいたずらをするのだと言われていました。メネラスは水がにごることがあると、少年を必ずこっぴどく殴るのでした。美しいジリアはといえば、相変わらず水晶のように澄んだ水を持って帰ってくるからです。

あわれなジャンは、どうすればこの罰から逃れられるかわかりませんでした。ジャンが一緒に行くと言うたびにジリアは反対して、こっそり行ってしまうのでした。

ある昼下がり、ジャンはジリアのあとをつけました。その日、メネラスの娘は恋人に会うためにいつもよりおめかしをしていました。

川のほとりに着くと、ジリアは物憂《ものう》げに歌いました。

「テザン、いとしい恋人、わたしはここよ、
テザン、わたしはここよ……」

ジャンは、お姉さんがとても優しく呼びかけた男を見るために、そっと丸太のうしろへと身を隠しました。お姉さんが座っている石に向かって、魚が泳いでくるのを目にして、ジャンがどれだけ驚いたかは言うまでもないでしょう。その石は、一本の枝で隠れるくらいの小さな水たまりの中にあったということに注意してください。おわかりのように、抑えきれない感情をあらわにするのに、これよりふさわしい場所はありません。

ジャンはそこを離れると、父親にその話を全部聞かせました。父親は、この奇妙な話が何を意味しているのかわかりかねました。

それでも、年老いたメネラスは疑いませんでした。シンビや水の精（アフリカから来たハイチの神々）の話をいくつもよく知っていたお父さんが、どうして疑うことなどあるでしょうか？

早速、ジリアのお父さんは川へと続く道を歩いていきました。ほんの少し行くと、頭にひょうたんをのせた娘に出くわしました。

「どこへ行くの、お父さん？」娘は優しく問いかけました。

「帰ってこないから心配したよ。だから迎えにきたんだ」メネラスは答えました。

あたりさわりのないことに話をそらすと、家に帰りました。

翌日、朝早く、ジリアはいつものように愛しのテザンのもとを訪れました。テザンは恐ろしい予言をしました。「今日の午後、君は町に行くことになっているだろう？　白いワンピースに血のあとがみっつつあらわれたら、テザンはもうこの世にいない」

おしとやかなジリアは、涙をこらえきれませんでした。途方に暮れて泣きました。

メネラスの娘は、死にそうなほどに落ちこんでいました。ジリアは自分の胸が冷たくなったように感じ、いくつものいやな考えが頭から離れませんでした。心臓がいつもより強く鳴りました。市場に野菜を売りに行く番だったからです。

ジリアは涙に暮れて村を離れました。

午後、メネラスはジャンを引き連れ、川のほとりへと向かいました。ジャンはお姉さんの物憂げな声を真似《まね》して歌いました。

「テザン、いとしい恋人、わたしはここよ、

テザン、テザン、わたしはここよ……」

テザンは、そんなお粗末な罠にはひっかかりませんでした。しかしお父さんが何か言い始めました。ギニアのいにしえの神々の呪術に通じていたメネラスが、何か不思議な言葉を発したのです。不思議な力にとらわれたテザンは自ら腹を上にして、メネラスのサーベルに向かっていきました。

川の水が真っ赤に染まりました。

同じ時刻、ジリアは白のワンピースにみっつ血のあとがついているのに気づきました。すでに野菜は全部売り終えていました。村へ、そして忘れられない恋をした川へと急ぎました。何度も歌いましたが、無駄でした。

川の周りでは、小さな木々があたかもお葬式をしているようでした。

まるで死んだようにうつろな気持ちでジリアは椅子を手にとると、メネラスの家の裏に座りこみました。ジリアは何時間も沈みこんで失意のまま歌い、座っている椅子と一緒に地面の中へと消えていきました。

メネラスが家の裏に姿をあらわしたときには、ジリアの長い髪がひと房つかめるだけになっていました。

もう一度言っておきますが、本当の愛というものはあらゆる困難に打ち勝つのです……お墓の向こうで死などかまわず、ジリアと銀色に輝く魚のテザンは限りなく幸せな恋を続けるのでした。

二十八　テリスフォール

――ハイチの物語

本当にこのテリスフォールほどの男はいませんでした。酔っぱらうことを生業《なりわい》とする、この上なくたちの悪い悪党で、泥棒で、犯罪者ながらも伝説的な度胸の持ち主でした。あたりでは恐れられていました。テリスフォールは人々をこき使っていましたが、誰にもこんな大男に歯向かう勇気はありませんでした。

自然が絶対的な与えた力を打ちのめそうというくわだてはどれもこれも、みじめな失敗に終わっていました。

テリスフォールは、けだものと悪魔と人間の血を引いていました。まさに化け物で、体力と本能の塊でした。それに加えて態度は粗野でした。他人の生活や財産は気にもかけませんでした。テリスフォールが行なった盗みや人殺しは、もう数えきれませんでした。あたり一帯は本当に絶望して、悲しんでいました。さらに深刻なのは、大っぴらにテリスフォールのことを非難しようとする人がいなかったことです。テリスフォールが近くにいないことを用心深く確認してから、耳打ちで悪さを嘆くのでした。飼っている動物たちや鳥たち、収穫物は、このあくなき災いによって文字通り台なしにされました。いら立ちをあらわにした場合は、いのちが代償となりました。テリスフォールほど生前に多くの罪を犯した者はいませんでした。それに加えて、テリスフォールの悪さにはまったく手加減がありませんでした。気の向くままに人を殺して、その魂をつぼの中に閉じこめたと伝えられています。もっとおかしなことが、まだまだたくさんありました。

片腕のブトおじさんは、それでも予言するように言いました。「アーメンのないお祈りはない《ナン・ポワン・ラ・プリエ・キ・パ・ガン・アメン》」

実際、ある日、テリスフォールが死んだという知らせがあり、ブトおじさんが正しかったということになりました。大きな歓声があたり一帯にわき起こりました。人々はようやく胸をなでおろすことができました。

ならず者で大悪党のテリスフォールは死んだあと、まっさかさまに地獄に落ちました。地獄に着くと、テリスフォールは急いでサイコロとトランプ一式、闘鶏の鶏を数組、太鼓を手に入れました。そして一日じゅう、テリスフォールは太鼓をたたき、地獄の住人たちは退屈な時間をまぎらせました。テリスフォールが太鼓とばちを手にすると、悪魔とその手下たちはみんな、耳をつんざくような騒ぎ声をあげました。アルコールを飲んで、みんな目が回りました。

地獄はそのやっかいな客をむかえてからというもの、盗みや人殺しが増えていきました。なまけることがきまりになりました。闘鶏や血に染まった争いばかりです。ある朝、地獄の番人はベッドの下に首を切られた黒い鶏、その胸の上にかけられた藍色の十字架、炒ったトウモロコシの実とピスタチオを見つけました。その朝、番人は手足が麻痺したような我慢できないほどの痛みのせいで、寝たきりになってしまいました。呪いにかけられた番人は呪い《ウアンガ》をかけた張本人を訴えたのですが、それはテリスフォール以外の何者でもありませんでした。

悪魔たちと地獄の住人たちはみんな、テリスフォールを追放することで一致しました。地獄に住む者たちですら、呪いや悪さで震えあがったからです。こういったわけで、テリスフォールは地上に送り返されました。家に戻ったのは夕方でした。翌日、テリスフォールが戻ってきたという知らせが、この化け物が住んでいたあたり一帯に大きな混乱を引き起こしました。

伝説によれば、住人たちは恐れをなして、地獄から吐き戻されたこのろくでなしの乱暴におびえて生きるよりも、むしろそこから立ち去っていったということです。

それからというもの、テリスフォールの住んでいた地域には人がいません。人間にとっても悪魔にとってもやっかい者で、どうしようもないテリスフォールが本当に死んだのは、ずいぶんあとのことでした。

二十九　マリカトリヌ

とある目撃者の探索報告書による、火山から着想を得た話。

サンピエール沖を通過するフリゲート船の乗客たちは、山に火がついて、町と停泊地がひとつの炎になっているのを目にしました。

海にいる魚たち、空にいる鳥たち、陸にいる人たち、そういったものはみんな死んでしまいました。

レスペランス号の乗客マリカトリヌは、一九〇二年五月八日、マルチニック島のプレ山の噴火で家族も財産もいっぺんに失ったところでした。

同じ年の七月、マリカトリヌは呪われた地に向けて巡礼をしました。

歩いていったのですが……何ひとつとして生きてはいませんでした。道路はなくなっていました。あるものといえば残骸や灰、焼けたトタン、半分炭になった木々ばかりでした。金属は溶けていました。地獄が地上を通り過ぎたのです。

家があった場所にやってきました。明るい黄色のペンキを塗った壁の立派な家で、島の木で作られたずっしりとした家具、銀の食器、海賊の時代までさかのぼる芸術品があったものでした。隅には小さな骨の上に頭蓋骨がふたつあって、それは子供たちのものでした。

マリカトリスヌは逃げ出しました……

あの恐ろしい火山を近くで見て、その腹の中に何が入っているかを確かめ、恨みと絶望をぶつけてやりたいと思いました。

火の山のふもとまでやってきました。

目の前には、火山灰のサヴァンナがじゅうたんのように広がっていました。その上をゆっくりと歩きました。ときどき深い穴があって、行く手をはばみました。回り道をして、飛ばされた火山岩に沿って進みました。

火口まであと半分のところに来ました。坂がけわしくなりました。

マリカトリスヌは、焼けた木の幹に囲まれた断崖をたどっていきました。黒焦げになった土に足をとられました。岩石と凝灰岩《ぎょうかいがん》にたどり着きました。標高千百メートルの山の頂上です。道は狭く、灰はねばねばしていました。横に滑ろうものなら、いのちを失います。

何の音もしません。

突然、ひとりの男が姿をあらわしました。どこから出てきたのでしょう？

危ない場所にいるにもかかわらず、男は話しかけてきます……男はいのちと引きかえに、名誉と財産をあげようというのです。

マリカトリスヌには、それが悪魔と関わりのある人間だとわかりました。自分が死んだあと、呪われた体をとりにくることになる悪魔です。

マリカトリヌは口をつぐみました。ふたりは前後に並んでのぼりました。悪魔が前で……火口のへりにつきました。四つんばいになって、生あたたかい灰の上をもやに囲まれて進んでいきました。

火口はすぐそこにあって、馬鹿でかい鍋のように大きく口を開け、そこからはけむりが立ちのぼっています。光がさすとマリカトリヌには、悪魔がそばにいて、犬のような顔をして笑っているのが見えました。

そして正面には、熱く焼けたかまどのように赤い、もうひとつの火口の底が見えました。そこからは火薬と火打ち石のにおいがしてきます。

マリカトリヌは奈落に引き込まれるような感じがしました。風が強く吹いてそっちへと押され、そのまま地面に倒れました。マリカトリヌは腹這《はらば》いになりました。悪魔はニヤニヤ笑っています……

この反対側から吹く風が、息のつまる火山ガスを押し返しています。

マリカトリヌは岩に、この化け物であるプレ山にしがみつきました。手からは血が出ます。空ではかみなりが鳴ります。嵐になりました。

マリカトリヌはもうおしまいだと思って、十字を切りました。すると悪魔は火口の地獄に姿を消しました。そして稲妻と風と雨の中、そっと持ちあげられたような感じがすると、マリカトリヌは山のふもとまで運ばれました。そこで光が差しました。マリカトリヌは家のあった元の場所にいたのでした。

奥さんがいて、ふたりの小さな子供もよみがえっていました。その足元には、金貨や宝石がいっぱい入ったアカジュの木の箱が口を開いていました。停泊地には帆船があり、一家を待っていました。船はサンドマングに向けて出帆しました。

それからというもの、一家を見た人は誰もいません。

三十　三人の兄弟
——ハイチの物語

年代記が伝えるところによると、わたしたちには太古のむかしにヘラクレスがいました。それは「歴史的な事実や信憑性《しんぴょうせい》を追い求める」とされる今の歴史家たちを笑わせるような発見ということになるでしょう。そうであるにもかかわらず、われらが伝説的英雄の偉業は、ラテンの神話におけるユピテルとアルクメネの息子で半神であるヘラクレスの偉業にちっとも劣るものではありません。このふたりの伝説的英雄のあいだには驚くべき類似点があります。ヘラクレスがレルネーのヒュドラを手なずけたように、われらがヘラクレスも当時あたり一帯で恐れられていた頭が七つある化け物を退治したのです。

その時代に、ドゥヌおばさんと呼ばれていた女の人には息子が三人いました。長男のブリズフェール、真ん中のブリズロシュ、末っ子のブリズモンタニュでした。

ある朝、ブリズフエールとブリズロシュは、母親と一緒に畑に行きました。

末っ子のブリズモンタニュはひとりで家にいました。コンロの上では、豆とスパイスがたくさん入った米の鍋がすぐにでも家族に出せるようになっていました。

突然、ブリズモンタニュのいる部屋に頭が七つある化け物がやってきました。知り合いのおばあさんたちから恐ろしい化け物の話を聞かされていましたが、いつもそんな子供じみた話を、疑うような笑顔で肩をすくめて聞き流していたのに、それは本当でした。恐ろしい現実がすぐ目の前にあらわれたのです。

ブリズモンタニュは、出し抜けに声をかけられました。

「ブリズモンタニュ、何か食べるものはないか？」

ブリズモンタニュは優しい声で、何もないと答えました。というのも、米が入った釜はお母さんとお兄さんたちのご飯だったからです。

そのあとひどい言い争いになりました。当然ながら、頭七つの化け物のほうが上でした。ブリズモンタニュは打ちのめされ、七つ頭のある化け物のあごから垂れている長い毛で縛られました。けだものは釜に飛びかかり、ふた口で米をすっかり飲みこみました。あわれなブリズモンタニュは足と手首をつながれたまま、この信じられない光景をなすすべもなく見るばかりでした。

お母さんとお兄さんたちが戻ってくるまで、ブリズモンタニュは縄を解くことができないままでした。三人は、地面にころがっていましめを解こうともがくブリズモンタニュを見つけました。

犠牲になったブリズモンタニュは、驚くような出来事について語りました。実際、そう聞かされても誰も驚きませんでした。というのも、しばらく前からそのあたりにはおぞましい化け物がとりついていて、ひどい強盗をしているということを誰もが知っていたからです。

それでも翌日、ブリズロシュは頭七つの化け物に目にもの見せてやるため、家に残ることを決めました。ブリズモンタニュとブリズフェールは、お母さんと一緒に畑に行きました。

同じ時間と状況で化け物があらわれました。ブリズロシュは、まず優位に立とうとしました。声を荒らげて、足を踏み鳴らし、罵《ののし》りました。こういった抵抗も、化け物をひるませることができず、化け物のあごから垂れている毛で縛られてしまいました。そして化け物は、米を全部食べてしまいました。

日暮れになってお母さんと兄弟たちは、またしても化け物にしてやられたのを目にしました。ブリズロシュは恥ずかしい思いをしました。というのも、頭七つの化け物を負かすと言い張っていたからです。

ブリズフェールは、けりをつけてやろうと心に決めました。翌日、ブリズフェールが家を空けるのを断ったので、お母さんと弟たちは畑に行きました。

実のところ、ブリズフェールは不安でいっぱいでした。というのも、弟ふたりはなすすべもなくやられていましたが、まったく臆病なところはないからです。ブリズフェールは化け物には一歩もゆずらないつもりでした。

戸口から百歩離れると、頭七つの化け物があらわれて、横柄な態度で食べ物をよこせと言いました。ブリズフェールはきっぱりと、一歩もゆずらない口調で断りました。

しかし化け物がまたしても恐ろしい手を仕掛けようと飛びかかったとき、ブリズフェールはなたを手にとり、化け物に何度も打ちつけました。化け物は傷を負って、逃げねばならなくなりました。ブリズフェールは化け物を追いかけました。執拗に攻められ、化け物は深い穴の中に隠れねばなりませんでした。

ブリズフェールは少しも容赦しませんでした。見知らぬ人に話をつけて、とても長い綱の先につけたかごに乗り、おりるのを手伝ってもらいました。こうして恐ろしい化け物にとどめを刺すことができました。しかし穴から出るときになって、勝ち誇っていたブリズフェールは、さきほど穴を下るのを手伝ってくれた見知らぬ人が、綱を切ってしまっているのに気づいて、胸が締めつけられる思いをしました。

ブリズフェールは絶望の底にあって、どの神に願いを立てればいいかわかりませんでした。幸いなことに、よく聞いてください、穴の底でひとりの将軍に出会うと、腕を一本切られてもいいというのなら地上に出してやるとその将軍は約束しました。自分の置かれた立場では、選択の余地はありませんでした。喜んで左の腕を差し出しました。

将軍に背負われているあいだに、ブリズフェールは右の腕を切られ（当然のことながら同意の上でしたが）、何事もなくのぼっていきました。

ブリズフェールを穴の横に下ろすと、将軍は腕をもとに戻し、二本の腕は一度も体から離れたことがなかったかのようにもとあった場所に収まりました。どれほどわれらの英雄がうれしがったかは言うまでもありません。これほどまでに親切な将軍に、何と感謝の言葉を言えばいいかわかりませんでした。

ブリズフェールは急いで王様のところに行きました。王様はあらゆる敬意をもって、人々の恩人となったブリズフェールを迎えました。混乱と恐怖の種をまき散らした頭七つの化け物から、あたり一帯を解放したからです。

ブリズフェールは、綱を切ったろくでなしが誰か突き止め、そのろくでなしが呼び出されました。それは王様の料理人でした。

王様はブリズフェールの並はずれた偉業に最高の褒美を与えました。王様は自分の娘との結婚をゆるし、財産の半分を与えたのでした。

三十一　クモは尻から糸が出る

壁のトカゲ、むかしむかしの話をしておくれ。

クレオールはラテンと同じく、人の親切を笑うもの。

それを悪く思う者は恥を知れ。

「楽しい、三度楽しいお話」

ある日、偉大な聖ペトロがマリゴで監視人をしていたころの話です。神様は天国で大きな晩餐会をしようと思いつきました。すぐに羽のある生き物たちを招待しました。そんなことがあったのは、これが初めてでした。そんな話が出ることさえ初めてでした。招待された生き物たちは、誰よりもきれいに着飾ろうとしました。木の上や巣のまわりでは晩餐会の話でもちきりでした。
「大晩餐会に招待されたかい？」
「もちろんさ、招待されないわけがないだろう」

　大きな鳥たちは、ハチドリやシシ・ゼブ、シュクリエ、ミツバチ、ホタル、ソフィクナン（大きな蛾）までも招待した神様は優しいと思いました。こういった小さな生き物たちも、神様が自分たちを覚えていてくれたことに満足していました。

　当然のことながら、招待されたのは羽のある生き物たちだけでした。他の生き物は天までこられないことを神様はちゃんとご存知でした。

　残りの生き物たちといえば、そのことはちゃんとわきまえていて、羽のある生き物をねたむものは誰もいませんでした。

　いや、誰もいないと言ったのは間違いです。

　カメどんがねたんでいたからです。

　天までのぼっていけるのであれば、カメどんは自分のお腹の皮ですら売ってしまったことでしょう。腹黒い生き物で、何かをたくらんでいました。

　カメどんは招待されたふりをしはじめたのです。

　カメどんは四本足の生き物に会うと、こう言うのでした。

「やあ！　君も神様の晩餐会には招待されただろう？」

　他の生き物は答えるのでした。

「なんて馬鹿なんだ！　僕たちがどうやったら天まで行けるっていうんだ。神様が僕たちを招待できないってことがわからないのかい」

　するとカメは答えました。

「確かに変な話なんだけど、招待されたんだ」

みんな声をあげて笑って……こうたずねました。

「空を飛ぶための羽はどこにあるんだい？」

つまり、カメのことをからかっているのでした。

カメどんは何も言わず、どうしたら天にのぼっていけるか考えました。


晩餐会の日がやって来ました。「ピピリ」（ピピリという鳥が朝一番に鳴く声）が聞こえたときから、羽のある生き物は身づくろいをはじめて、悪くなった羽根を抜いて、お米の粉のおしろいをぬり、蝶は一所懸命に羽をぴかぴかにしていました《パピヨン・テ・カ・シレ・ゼル・ヨ・レド・プ・レド》。

虫たちは、おたがい磨きあっていました。

みんな、風の吹くほうへ飛んでいく準備ができました。

天にのぼっていくつもりのカメどんは当日の朝、招待された生き物たちに混じっていました。元気のない顔をしていました。

ハトがそれを見かけて、たずねました。

「そんな顔してどうしたんだい、カメどん？」

カメどんは答えました。

「どうしたらいいんだろう。悲しいけど、受け入れなきゃならないことがあってね。病みあがりなんだ。食べ物を探さないと」

「病気だったのかい？　それでここ最近、誰の悪口も言わなかったのかい？」

「そうさ《メイエ》、それでここ最近、誰の悪口も言わなかったのさ《セ・プ・サ・ウ・パ・テ・カ・フィレ・ラング・ウ・アス・ペソンヌ・セ・ジュ・パセ・ア》」

（お伝えしておかねばなりませんが、カメというのはたちの悪い奴だと評判で、いつも誰かの悪口を言っているのです。ねたみっぽい人ほどやっかいな人はいません）

それでもカメは嘆くような声でハトに言いました。

「なんてことを言うんだ。今まで人の悪口を言ったことなんてないのに。困っているってのはわかっているだろ。君に助けを頼もうと思っていたけど、こうなったらもう何も頼むことなんてない。機嫌が悪いのならしようがないけど」

ハトというのは、心の優しい生き物です。心を打たれてカメにこう言いました。

「今言ったことは冗談さ《セ・プ・ジュエ》。何かしてあげられるなら、できるだけのことはするよ。ただ、残念ながらお金はないけど」

「僕が望むのは、とるに足らないものさ。君は小さな羽根を捨てているみたいだけど、役に立つかもしれない。洗ってちゃんときれいにしたら、年寄りたち《ヴィエ・ムン》に売れるかもしれない。そうしたら、お金が稼げるだろう。ちょっとばかり羽根をとらせてくれたらありがたいんだけど」

ハトはカメがこんなにも謙虚なのを見たことがありませんでした。カメはきっとこんなふうにお《ファレ・マルウ・テ・ビヤン・》世辞を言わなければならないほど困っているに違いない《バト・リ・プ・グレセ・ラング・リ・コン・サ》と考えて答えました。

「取ってもらってもいいよ、全部取って。全然いらないから。役に立つのなら、こっちとしてもうれしいよ」

こう言って、ハト自身も羽根を集めるのを手伝ってあげました。あたりにある枝で羽根を包んで、甲羅の下《バ・ゼカル・リ》に入れてあげました。

カメはハトにありがとうを言って、ホロホロチョウを探しに行きました。カメがやって来ると、イカコ（肉厚の果物のことです）のしげみのうしろで着替えているところで、ホロホロチョウは真っ赤でした。

カメはときどき葉の下から、様子を探るように見ていました。

カメはイカコのしげみの反対側にクジャクがいるのを見ました。ホロホロチョウが気にしているのはクジャクでした。

カメは何も見なかったふりをしました。でもすぐにホロホロチョウにお世辞を言い始めて、クジャクなんてホロホロチョウに比べれば、大したことはないと言いました。ホロホロチョウというのはもったいぶっていて《フラ・フラ》、お高くとまって、尾に羽が三本生えているから、自分がいちばん美しいと思っていました。

やはり世の中には、もっと美しい鳥がいるものなのです。お世辞を抜きにしても、ホロホロチョウの尾はクジャクの尾よりきれいなのではないでしょうか？

ホロホロチョウはそれを聞いて、カメの前で背筋を伸ばしました《クマンセ・カレ・バ・トチユ》。カメはさらにお世辞を言って《トチユ・ヴオワイエ・シロ・バイユ・アンコー》、最後に、首飾りの中に入れるから古くなった羽根をもらえないかと頼みました。ホロホロチョウは満足げに、結構な量の羽根をカメにあげました。するとすぐにカメは姿を消しました……

イカコのしげみの反対側に来ると、クジャクがいました。カメは声をあげて笑いながらクジャクに話しかけました。

「どうしたんだい？」クジャクがたずねました。

「ホロホロチョウがあまりにも間抜けでね！　自分よりきれいな鳥は他にいないなんていうんだよ。イカコの木の反対側にいて、鏡の前で格好つけちゃって《グル・グル》ね。あんなにだまされやすい《ココ・ニャンニャン》のは見たことがない！」

　クジャクが答えました。

「ホロホロチョウはずいぶん間抜けだな。この尾羽を見たことがないんだろうか？」

「そのとおりさ。君の羽は素晴らしい。ちょっと見せてくれよ……なんてきれいなんだ《フト・ヨ・ベル》！　そうさ、こういうのを美しい羽って言うんだ。ああ、こんなにきれいなのに、どうして抜いたりするんだい？」

　クジャクは少しばかり見下すように言いました。

「これかい！　こんなのは古いんだ……だからもうよくない。しようがないのさ。毎日こんなふうにして捨てなきゃならないんだ。実際、羽が多すぎてね……お尻が頭痛みたいに痛いことがあるんだ。もっと少なかったらいいんだけど。確かにきれいだけど結構重くてね。でもしようがない。神様がくれたものだから」

「なんてことを言うんだ。こんなにもきれいな羽なのに！　部屋に飾っておくために、ほんの二本か三本もらえたらうれしいんだけど。だってこんなにもきれいだから」

「好きなだけ取るといいさ、カメよ。でも羽根を集めるなんて子供じみているなあ」

　こう言うと、クジャクは無関心《デガジエ》なふりをしましたが、カメが羽をきれいだと言うので誇らしげでした。

　カメは羽根をたくさん集めると、別の鳥たちのところへ走っていきました。

　誰もがカメに羽根をあげました。

　カメは十分に羽根が集まったと思ったところで、さっと身を隠し、鳥に姿を変え始めました。

翼の羽根を足の先につけ、尾羽根を尻尾につけ、背中に生える羽根は背中、お腹の羽根はお腹、首の羽根は首につけました。パンノキからとったとりもちを使って、あまりにもうまい具合に整えたものですから、まるで本物の「羽のある生き物」みたいでした。自分の姿を最後に鏡で見ると、カメはそのまま羽ばたいて天に向かって飛んでいきました。

太陽はもう高いところにありました。

カメが着いたころには、席は全部埋まっていました。座る場所は、ピアノの椅子すら空いていません。カメは何も言いませんでした。席は数が決まっていて、騒げば《ギョル・フォー》つまみ出されることになるからでした。

そこで、台所へ向かうことにしました。

台所にやってくると、こんなにも飲み食いできるとは想像できないほど、飲み食いしました。

神様はよき父であって、食事もよかったのです。

カメはお腹をいっぱいにすると、おしゃべりを始めました。そのせいで、ついしゃべりすぎてしまいました。

召使いたちはこんなにも立派な「羽のある生き物」が、台所に食事に来ているのを妙に思いました。それでもあえて何も言おうとはしませんでした。

召使いたちは「羽のある生き物」が、ちょっと酔っていることに気づいて、あえてたずねてみました。

「どうして広間で他の人たちと一緒に食事をしないんですか？」

カメが耳まで口を開いて笑いました。

「どうしてだって？　僕からすれば、羽のある生き物なんてみんな間抜けだ《ベト・ア・ゼル・ソン・トロ・ソト》ってことがわからないのか？　この僕が何者かわかっているのか？　連中のうちのひとりだと思っているのか？　なんて《フ》気分がいいんだろう《ト・サ・ボン》！　笑いが止まらない。僕は鳥じゃなくて、四本足の生き物なんだ！　ただ他よりちょっとばかり知恵があるってわけでね。羽さえあればここに来ることができるって賭けをして、勝ったんだ。羽はどうしたかと言えば、もらったんだ。羽のある生き物たちは怖気《おじけ》づいて、僕の言いなりになったんだ。小さな鳥が悲鳴をあげただけ《チ・ジ・ビ・エ・パ・ピ・ペ》じゃない。大きな鳥が二羽か三羽わめい《フェ・ギョル・》たけど《フォー》、しまいには『イエス様、マリア様』なんて言ってね、間違っているってのをわからせてやった。おわびとして、いちばんきれいな羽根を取ってやったのさ！　カメをなめるんじゃないってことだ」

「たらふく食べてたらふく飲んで、コーヒーも結構だったから、アニス酒《アニコク》を少しばかりと葉巻を二本か三本もらったらもう行くよ。もう太陽も傾いていることだし」

そのあいだ、召使いたちは、外廊下を行ったり来たりしていました。驚いたのは、マルフィニやワシといった大きな鳥が、カメの前で縮みあがった《カイェ》ということでした。どういうわけかそうした鳥たちが耳を傾けようと思ったとき、ハトが仲間たちに言いました。

「みなさん、食事もひと段落着いたところで、すこしめぐまれない人たちのことを考えてみてはいかがでしょう。つまりあわれなカメどんのことです。今朝会ったのですが、すっかり心を入れ替えた様子でした。わたしたちがこのあわれな仲間に何かしてやったとしても、けしからんことだ、なんて神様が思ったりはしないでしょう」

カメにおだてられた鳥たちも、ハトが間違っているとは思いませんでした。誰もがこう言いました。

「ハトの言うとおりだ。カメは口が悪いが、心を入れ替えたからには、悪意に悪意で報いるわけにも行かないだろう」

ただ、ワシどんだけは賛成しませんでした。

「自分としては、みんながほどこしをしようとするのを邪魔したくはないが、カメというやつにはあまり感心しない。好きなようにするがいいさ」

ちょうど召使いのひとりがワシのうしろにいました。この召使いは、カメの背中にワシの大きな羽根が三枚ついているのを目にしていました。こんなにも大きな鳥がカメを前にして逃げ出した《テ・プラン・ヴァン》というのがあまりにも不思議で、ついつい手に持っていたワインのびんを滑らせて、ワシどんの翼をすっかり汚してしまいました。

ワシどんがにらみました《バイユ・アン・ク・デ・ジュ》。

「召使いの分際で、注意が足りないみたいだな《ウ・パ・サヴ・フエ・アタンション》」

召使いは平然《パ・テ・ニ・フアル・フエト》と、ワシに答えました。

「まあまあ、そんなふうに声を荒らげないでも。たとえ召使いだとしても、このわたしはカメの前では縮みあがり《カイエ》ませんでしたよ！　どこのカメも、わたしから羽をとりあげたって自慢することはできませんからね！」

ワシは呆気にとられました。何の話かわからなかったのです。

「何を言っているんだ？　みなさん、こいつが何を言っているかご存知ですか？」

「馬鹿でもわかることですよ。わたしに向かってわめく《ギョル・フォー》ことはしても、今朝カメの前では縮み《カ》あが《イ》った《エ》ということですよ。あなた、それにそこにいらっしゃる体の大きな旦那方も同じで。カメがそう言うのを、わたし以外に他の召使いたちも聞きました。もしわたしに触れようものなら、やり返《モワン・》しますよ《カ・フエ・ウ》」

こう言い終わろうとしたところで扉が開き、カメがあらわれました。カメはひどく酔っていたので、外に出る扉と間違えて広間の扉を開けたのでした。

その姿があらわれた瞬間、鳥たちは目を見開きました。羽根がついていたので、それまでカメだとわからなかったのです。

大声でしゃべりはじめたのはカメでした。

「ごきげんようクジャクどん、ごきげんようワシどん、ごきげんようハト、ごきげんようシシ。調子はどうですか？　どうしたんです？　誰も返事をしてくれないのかな？」

みんなじっとしていました。

ワシは立ちあがると、カメの前までやってきました。

「カメ、どういうことかちょっと説明してもらおうか。そこの召使いが、みんながお前の前で縮み《カ》あが《イ》った《エ》なんて自慢していたらしいな」

カメは青ざめて声をあげました。

「そんなのはうそだ！」

そして逃げようとしてさっと振り返りましたが、召使いたちが扉を閉じました。

カメは周りをとり囲まれているのがわかると、また言いました。

「うそだ《サ・パ・ヴェ》！　うそだよ《サ・パ・ヴェ》！」

召使いたちは声をあわせて言いました。

「お前がうそつきだ《ウ・カ・マンチ》というのが本当だ《サ・ヴェ》！」

それまでに神様の家の広間でこんないざこざ《ヴルムレレ》が起こったことはありませんでした。とうとう、召使いたちが正しいことを言っているようなので、羽の生えた生き物たちはカメが大口をたたいたことがわかりました。みんながカメに飛びかかりました。くちばしでつつくものもいれば、爪で引っかくものもいて、カメの羽をむしって、皮をはぎました。目玉をくりぬこうとさえしました。しまいに半死半生になって倒れると、カメはやっと解放されました。

召使いのひとりが捕まえると、最後に足蹴り《フテ・リ》を一発加えて、廊下に放り出しました。

カメが意識を取り戻す《レ・トチュ・ルプラン・レスピラション》と、体はズタズタ《ムルトリ》で、羽根もむしりとられていることがわかりました。カメは泣き出しました。

クモがそこにいました。カメは悲しい気持ちになりました。

クモが言いました。

「ほら、よくわかっただろう……今から言うことをよく聞くんだ。どうやって地上に戻ったらいいか考えるといい。そして鳥たちが廊下に出てきてまた見つかる前にずらかる《フ・カン》んだ。また殴られるこ《ヨ・セ・カパブ・フテ・》とになるから《ウ・ク・アンコー》」

カメは弱っていました。それでもなんとか這いつくばって出口の扉まで行くことができました。

外に頭を出すと、カメはまた震えあがりました。

クモが言いました。

「ほら、何をぐずぐずしているんだ。連中がまたやってくるから！　さあ！」

カメには口をきく力もありませんでした。青ざめた顔をして、クモに先に行くように合図をしました。クモは扉のところまで進みました。

目の前にはただの大きな穴、真っ青の大きな穴があるだけでした。そのずっと下に小さな塊が見えており、それが地上でした。

クモはカメのほうを見ると言いました。

「さあ、いいから、しようがないだろ。羽根はむしりとられたんだ。おりるにおりられないんだな《ウ・パ・フチュ・デサン》。しようがないさ。よからぬことをやらかしたんだから！　とんでもないことをね《サクレ・バガイ》！　やれやれ、おりるのを助けてやるから。もしよかったら、地面に着くまで糸を垂らしておろしてやろう」

「ただし、わかってるな、じっとしているように。クモの糸ってのは鉄でできているわけじゃないから、切れることもあるぞ」

カメはうんと言おうとしませんでした。とはいえ、おりないわけにはいきませんでした。とうとう、カメはそうしてほしいと合図をしました。クモはカメを仰向けにすると、四本の足をしっかりとひとつに縛りました。そして扉のかぎに糸の先を結びに走っていきました。次にクモは自分の足をカメを縛りつけた結び目に通して、カメに言いました。

「注意して《ラゲ・コ・ウ》。さあゆっくり穴をおりていくよ《アレ・トゥ・ドゥスマン・ダン・トル・ア》」

カメは身動きができませんでした。

クモがカメを少し押すと、よろめきました。カメとクモは、石みたいに宙を落ちていきました。

カメは「助けて！《ア・ムエ》」と叫びました。

クモは「静かに《ペ・ラ》」と言いました。落ちるときに糸が切れたりはしなかったのですが、騒いだせいでひどくゆれました。「ゆっくり、風を受けてもっとゆっくりおりていくよ」

そうです、もう落ちてはいませんでした。クモはスルスルと糸を出していって、おりていくのでした……

とはいえ、カメは気が気ではありませんでした。

カメはバティスト織の針ですら通せないぐらいお尻の穴をしめていました《イ・テ・カセ・レ・ボン・ダ・リ・アン・ゼギュイ・バティス・パ・セ・プ・パセ》。

クモは相変わらず糸を出していって……

カメは急に元気が出てきました。少しずつ目を開けました。宙でクモがスルスルと糸を出すのが見えました。そして突然たずねました。

「ねえ、どこから糸が出てくるんだい？」

クモはその話をされるのがいやで、こう答えました。

「こんなときになんてことを聞くんだよ」

黙るどころか、カメはまたしばらくしてから同じことを聞きました。糸のことが気になったからです。

「どこから糸が出てくるんだい？　口から出しているのかい？」

クモが答えました。

「そのとおりだ！」

するとカメは言いました。

「それは変だなあ！　君の口を見ているんだけど、糸が出てくるのが見えやしない」

クモは耳を貸しませんでした。そして糸をスルスルと出しました《ラゲ・フィル・ラ・ラゲ・フィル・ラ》。

カメとクモは、どんどんおりていきました《ヨ・デセン・ヨ・デセン》。

カメは相変わらず、糸がどうなっているのか見ていました。

クモが見ていない隙に、カメはふと頭をあげました。とうとうどこから糸が出ているのか目にしました。カメは声をあげて笑いました。

クモがたずねました。

「何をそんなに笑っているんだ？　もうそろそろ地面につきそうだから、うれしいのかい？」

カメは答えました。

「そのとおり！　うれしくてうれしくて！」しばらくすると、カメはこらえきれなくなりました。

クモのことをちょっとからかいたくなりました《ファレ・イ・テ・クイヨネ・ザグリニャン・チ・ブラン》。むかしのカーニヴァルのふしにのせて歌い出しました。

「クモが糸出しや《ザグリニャン・フィレ》
カメは逃げる逃げる《セ・フィレ・モワン・カ・フィレ》
クモが糸出しや《ザグリニャン・フィレ》
カメは逃げる逃げる《セ・フィレ・モワン・カ・フィレ》」

クモは心の優しい生き物です。歌が意地悪なことに気がつきませんでした。笑ってカメに言いました。

「君が楽しそうにしているのは、地面に着くからだね《フワンク・ウ・ゲ・コンペル・ヨ・カ・ビヤン・ウエ・ヌ・カ・リヴェ》」

カメは声をあげて笑いました。しばらくして、カメは歌を変えました。

大声で歌い始めました。

「蝶には羽がある《パピヨン・ベト・ア・ゼル》」

そして今度は小声で。

「クモは尻から糸が出る《ザグリニヤン・キウ・フエ・フイル》」

そしてまた大声で。

「ハチドリには羽がある《クリブリ・ベト・ア・ゼル》」

そしてまた小声で。

「クモは尻から糸が出る《ザグリニヤン・キウ・フエ・フイル》」

三十一　クモは尻から糸が出る

クモは少し耳が遠かったのでした。それでもしばらくすると、その歌がどこか変なことに気がつきました。カメに言いました。

「何を歌っているんだい？」

カメは答えました。

「この歌かい。『蝶の羽《パピヨン・ベト・ア・ゼル》』って歌さ。そんなことも知らないのかい？」

クモは答えました。

「そりゃ変だ。よく知っているはずなんだけど、君はときどき小声で歌っているみたいだね」

カメはしばらく歌をやめましたが、歌わずには笑いがこらえられず、また歌い始めました。

「蝶には羽がある《パピヨン・ベト・ア・ゼル》
クモは尻から糸が出る《ザグリニャン・キウ・フエ・フイル》
ハチドリには羽がある《クリブリ・ベト・ア・ゼル》
クモは尻から糸が出る《ザグリニャン・キウ・フエ・フイル》」

クモは黙って、耳を澄ましていました。

カメは自分の歌でいい気分になって、しまいには何も気にせず大きな声で歌いました。

クモはしばらく前から、糸を出すのをやめていました。耳を傾けていたのです……そうとは気づかずに、声のかぎり歌っていたカメは、クモ

にまじまじと見つめられている《ジュ・ダン・ジュ》のを見て、全部聞かれていたことに気づきました。クモが口を開かないうちに、カメは大声で言いました。

「うそだ！《セ・パ・ヴェ》　うそだよ！《セ・パ・ヴェ》」

クモはカメをじっと見て、「この薄汚いガキめ！《サクレ・イシュ・サル》」と言い、カメを放しました。

カメはさかさまに落ちて《キウ・プ・テト》、岩に体をぶつけ《フエ・コー・リ・ブロク》、甲羅が割れたのでした《ゼカル・リ・ウヴエ・ボ》。それでもカメどんは死にませんでした。その日以来、むかしは一枚だった甲羅が、十三個に割れています。当然の報《むく》いなのです。

三十二　ジャン・ロリゾン坊や

むかしむかしあるところに、黒人の子供を代子にもったムッシュ・ボフォンというベケがいました。

この黒人の子はひどいいたずら《マラントリ》者で、自分の大切な代父を一文無しにするという賭けをしました。

ある日、ムッシュ・ボフォンは友人に晩ご飯をごちそうすることにして、ジャン坊やに料理をまかせました。

「よろこんでやります。お父さん、ただ必要なものは用意してください。ご存知のとおり、お友達のグロモルヌの人たちは有名な食いしん坊です。古くなった芋みたいにやせているのに、味にはうるさいですからね。あと、十一時ごろにパンチを出すのを忘れないでください」

「心配ない《パ・ペ》、心配ない《パ・ペ》」ムッシュ・ボフォンは答えました。「気分がよくなるようなものを出しておくから。さあ行って、料理をしなさい」

翌朝、ピピリが鳴く朝早く、ジャン坊やはフロクスとフロラの二匹の犬を連れて、森にいました。

犬がワン！　ワン！　ワン！　とほえはじめました。マニク（オポッサム）のにおいがしたからです。

ジャン坊やは静かに前に進み出ました。顔を上げると、大きなマニクがコロソルの木の上にいるのが見えました。

「捕まえろ《コレ》！　捕まえろ《コレ》！」犬に言いました。

ジャン坊やはマニクをつかむと、カニみたいに縛りあげ、手をうしろで組みました。

「ほらほら」ジャン坊やは言いました。「お前は今日こそベケの小麦粉を味わうことになるだろう」

あわれなマニクは、こう言われるのを黙って聞いているばかりではありませんでした。水から上がった犬みたいに身を震わせ、怒っている雄猫《おすねこ》みたいに威嚇《いかく》しました。

「怒れ怒れ」ジャン坊やは言いました。「すぐにレモン汁と唐辛子をかけてやるから」

台所にやってくると、ジャン坊やはマニクをつかんで、びんたを一発食らわせ、クルミを拾うようにつまみあげて、熱湯で洗い、皮をはぎ《デブライユ》、切り分け《アコール》、カナリ（土でできた鍋）の中に入れて、こんなふうに高く積んで、インドの木の唐辛子と丁子と生姜《しょうが》で味をつけました。ジャン坊やは思いました。「グロモルヌのベケたちが、これだけの香辛料を入れてもタフィアをひょうたん三杯飲まなかったら、自分は首を縛られてしまいますように！」

そのあいだに、鶏や家鴨《あひる》、羊や豚の血抜きをしておきました。

ジャン坊やはその肉をみんな手にとると、今まで誰も見たことがないようなソースの入ったカナリの中に入れて、下から火をつけました。

台所に近づくと、グツグツボコボコ、グツグツボコボコ、グツグツボコボコと音が聞こえました。

カナリが煮立っていたのです。

そのあいだにベケたちは小屋の前に集まって、料理のおいしそうなにおいを嗅いでいました。ベケたちは腹ぺこでお腹がよじれそうでした《ブダン・ヨ・クマン・セ・モド・ヨ》。パンチを出せと言い出しました。

「わかりました」ムッシュ・ボフォンは答えました。

「エドメや！　わたしが台所に料理を見にいっているあいだに、砂糖を溶かしておきなさい」大声で言いました。

それを聞いたジャン坊やは、ぐつぐつ煮えるカナリのもとへ走っていくと、地面に置いて、鞭を手にとり、カナリを鞭で打ちはじめました。ピシャ、ピシャ！

ちょうどそのとき、ムッシュ・ボフォンがやって来ました。

「ジャン坊や、何をやっているんだ《チ・ジャン・モン・フイ　キ・コメス・ウ・カ・フエ・ラ》？」

「ご主人様、カナリを煮ているのです」

「何だって？　お前は鞭でカナリを煮るのか？」

「そうです。カナリに肉と香辛料を入れたら、すぐに地面に置くんです。鞭を手にとって、たたくんです。そうすると、鍋がわきはじめます。まだ食事が全部できるところまではいっていないのですが」

「なんて子だ！」

ムッシュ・ボフォンはかみなりに打たれたみたいに、立ちつくしていました。「こんなのは見たことがない！　こんなのは見たことがない！」としか言えませんでした。

ジャン坊やのほうを見て、言いました。

「ジャン坊や、その鞭をゆずってくれ」

「それは無理な話ですよ、ご主人様！　もしこの鞭をゆずったら、ご主人様によからぬことが起こるでしょう」

「残念だが、息子よ、ゆずってもらわぬわけにはいかない」

ムッシュ・ボフォンがしきりに頼むので、ジャン坊やは鞭を売ることにしました。

ムッシュ・ボフォンは鞭をとりあげると、さっと泥棒のように消えて、屋根裏にあるトタン板の下に鞭を隠しに行きました。

それから、ジャン坊やは台所でお母さんと一緒に死ぬほど大声で笑いました。

そうしてムッシュ・ボフォンは、かの有名な鞭の持ち主になったのでした。

そのあいだにジャン坊やは、テーブルの周りにいる招待客のところへ戻っていきました。テーブルには、エドメが用意したタフィアやらシロップやら、とにかくパンチに必要なものが全部ありました。

招待客のひとりが、顔はそばかすだらけ《タクテ・ドゥ・ココダンド》なのですが、ザリガニみたいに真っ赤な顔をして、ムッシュ・ボフォンがやってくるのを目にすると、声をあげました。

「いいから来てください。みんなあなたのことを待っているんですよ……早く！　シロップは指一本、水は指一本、ラムは指四本、レモンの輪切り《カプシル》は忘れずに、ちゃんと薄く切って……」

他の招待客たちは大笑いしました。とんでもない奴だ。

全員で乾杯してグラスを鳴らすと、テーブルについて、真剣な顔で黙りこんで、食べに食べに食《ヨ・マンジェ・ヨ・マンジェ・》べました《ヨ・マンジエ》。

飲むほうについては、黙っておいたほうがいいでしょう。

それで旦那方は、瓜みたいにふくれて、ダニみたいにまん丸になりました。みんなズボンのボタ《ヨ・トウト・クマンセ・ラ》ンをゆるめはじめま《ゲ・ブトン・キュロト・ヨ》した。

カブヤの枝で作った爪楊枝で歯をほじって、太い葉巻に火をつけました。そして、トランプをするためサロンに移って、おたがいにだましあう《ヨヌ・カ・コキネ・ロト》のでした。

翌日、みんな二日酔い《マル・マカク》でしたが、帰る支度をしました。

馬には鞍がつけられています。こんなふうにグロモルヌのベケが帰っていくとでも思いますか？　まさか《カラウ》！　最初に声をあげたそばかすだらけの顔の客が、こんなことを言い出しました。

「旦那方、帰る前に気つけを一杯！」

するとコーヒー、コーヒーのおかわり、口すすぎの一杯、もう一杯、またコーヒー……そして最後に気つけの一杯！……さようならを言うころになって、ムッシュ・ボフォンは、また招待しました。

「旦那方、また次の日曜日、お待ちしていますよ！　グロモルヌがお祭りだということは、ご存知でしょう。昨日の食事などは、ほんの子供だましです。次の日曜の食事ときたら、言わないでおきますけどね！　旦那方、また次の日曜日、お待ちしていますよ！」

約束の日曜日の前日、つまり土曜日のことですが、その連中はムッシュ・ボフォンのところでいっぱい食べるために、ルウ・ロワという薬を飲んでお腹を空っぽにしました。

翌日、ツグミが鳴かないうちに、グロモルヌのベケたちはやってきました。血抜きをされた動物みたいに、こんなふうにひょろ長く見えました。

ベケたちは歯を研ぎ始めました《ヨ・クマンセ・フィレ・ダン・ヨ》。

そこに座って、お酒を飲んではたばこを吸い、たばこを吸ってはお酒を飲むのでした。しまいにロバが鳴くのが聞こえました。ヒ！　ハン！　ヒ！　ハン！　ベケたちは大きな声で言いました。「おお、ロバが鳴いたな！　十一時だ！」それなのに、料理のにおいはまったくしませんでした。

ベケたちは気をもみはじめました。そのうちのひとりが、用を足しにいくみたいに、ゆっくりと立ちあがりました。台所のほうへこっそり《アン・ベン》進むと、台所の扉から首を伸ばしてのぞいてみました。台所は犬の鼻みたいに冷えていました。

カナリは地面にあって、生の肉が中に入っていました。

「ちくしょう！　一杯食わされた！」と言いました。

(グロモルヌのベケたちには、食べることに関しては冗談が通じないのです)まっすぐ席に戻ると、今しがた見たことを、他の招待されたベケに報告しました。ああ！　なんてことをしてくれたんだ！

招待客たちはムッシュ・ボフォンの周りに集まりました。

「おい、これはいったいどういうことだ？　カナリは火にかかっていないし、ロバが十一時を知らせたぞ！」

「わたしのお腹の皮は、背中にくっついている」ひとりが言いました。

しまいには、みんな争ってあわれなベケをなじるのでした。

それでもムシエ・ボフォンはグロモルヌのベケたちをまじまじと見つめて言いました。

「そんなことを気にかけてらっしゃるのですか？　見にいらしてください！」

ムッシュ・ボフォンはあの鞭を手に取ると、ベケたちをカナリのまわりに並ばせました。そしてピシャリ、ピシャリと鞭を打ちはじめました。カナリはちっともわきません。

ジャン坊やにだまされたことがわかると、体が震えはじめました（グロモルヌのベケたちには、冗談が通じないのです！）。

腹を立てた招待客たちは、トカゲが敵を威嚇するときみたいに頬をふくらませました《ゴンフレ・マジョル・ヨ・コン・ザンドリ・アヴァン・コンバ》。

「これはどういうつもりだ、ムシエ・ボフォン？　絶交したいということか？」（物々しい態度で威張って言うのでした）

「これはどういうつもりだ」そばかすだらけの顔をしたベケが、横柄な態度で言いました。「人をからかおうっていうのか？　目にものを見せてやろう。こっちもあなたと同じぐらい、立派な白人だってことをな！　明日になったらわかるさ。そうだ！……そうだ！……そうだ！……」

みんな声をあわせて言いました。あわれなムッシュ・ボフォン！

ムッシュ・ボフォンは、カメを目の前にした鶏の糞のようでした《イ・テ・カ・サンブ・アン・カカ・プル・ドゥヴァン・アン・モロコイ》。

ムッシュ・ボフォンは弁解を始めました。

「旦那方、これはジャン坊やのせいなんです」

「いいや！　ちがう！　ちがう！」招待客たちはみんな声をあわせて言いました。「問答無用だ。落とし前をつけてもらおう。落とし前を！」

かわいそうなムッシュ・ボフォン！　震えあがるのも当然でした。

翌日、日が昇る前《ジュ・ウヴェ》、夜が明けるという意味ですが、騎兵たちが果たし状を持って、ものすごい音を立てながら、ムッシュ・ボフォンの家の前にやって来ました。ことをまるく収めることなんてできるはずもありません。

ひとりが言いました。

「向かい合ったままピストルで、弾はひょうたん一杯分《アン・クイ・バル》」

もうひとりが言いました。

「銃で、火薬が一リーヴルがなくなるまで《フイジ・ジュスカ・タン・ヨ・ブリレ・アン・リヴ・ラ・プド》」

「ボロボロになって、どちらかが倒れるまで」

もうひとりは「大砲で、吹き飛ぶまで」と求めました。

ボフォンの旦那は逃げました《マロナ》。それでもこう思いました。「ジャン坊やに罰を受けさせねば！」

その一方で、何が起きているかわかっているジャン坊やは、考えをめぐらせるのでした……

「ジャン坊や、神様が手を差し伸べてくださらなければお前はおしまいだ！　『山羊は賢くなければ太らない』だ！　今いるところから出ていかないと！」

ジャン坊やはそこにいて……考えに考えて……しまいに声をあげて笑い出しました。

火元の近くにいたジャン坊やのお母さんがたずねました。

「ジャン坊や、どうしたんだい？」

「なんでもないよ、お母さん。ただムシェ・ボフォンのことを考えていたんだ。罠から抜け出せるように、手を貸してもらえないかな」

この黒人の子が何をしたかご存知でしょうか？

「本当にムッシュには悪魔が憑いていると思うんだ《アン・ヴェリテ・モワン・クエ・セ・ギャブル・キ・ダン・コー・リ》」

ジャン坊やは台所に行って、見つかるだけの山羊、羊、鶏の血を全部集めて、豚の膀胱《アン・ブラグ》に入れ、お母さんのお腹の前に縛りつけて、こう言いました。

「代父が来ても、僕は寝たふりをしておくから、僕は寝ていて、起きようとしないと言って。さもないとよくないことが起こるからって。ムッシュは起こせって言うだろうから、強引に起こして。僕はナイフを手にしてお母さんのお腹につけた豚の膀胱《ぼうこう》を刺すから、死んだふりをして、床にバタンと倒れて。そのあと、僕が小さな角笛を鳴らして、どうしたらいいか言うから、言うとおりにして」

お母さんは答えました。

「わかったわ」

まもなくジャン坊やはムッシュ・ボフォンがやってくる音を聞きました。

うつぶせに寝て、グーグーグー……といびきをかき始めました。

ムッシュ・ボフォンは、闘鶏の鶏みたいに真っ赤になってやって来ると、わめき散らしました。

「あのろくでなしはどこだ！　今日こそけりをつけなけりゃならん！」

「ご主人様」お母さんは言いました。「いびきが聞こえますでしょう。あの子は寝ております」

「起こせ。あんな憎たらしい子は、今日こそ小麦の通り道（のど）をかき切ってやらねばならん《レヴェ・チ・モディ・プ・モワン・カセ・パサジュ・ファリン・リ・ジョディ》」

「お願いします。ご主人様、あの子を起こさないように。さもなければ、よくないことが起こります」

「黙れ《ペ・ギョル・ウ》！　悪魔の子の母親め《ママン・イシュ・ディアブル》！　今日という今日は何としてもぶちのめしてやる！」

「おっしゃるとおりにいたします、ご主人様」

「ジャン坊や！　ああ！　おお！　ジャン坊や！」お母さんは大声で呼びました。

「どうしたの《サ・サ・イエ》？」ジャン坊やが答えました。「よくないことが起こるよ《モワン・ケ・フエ・アン・マレ》！」

「ムシエ・ボフォンがいらして、お前を起こすようにって言われたのよ」

こう言い終わらないうちに、ブリキでできたびっくり箱《アン・ジギデイ・ダン・アン・ボンブ・フエ・ブラン》みたいに、ジャン坊やは起きあがりました。ナイフを手にして、お母さんに向かって手をあげ、勢いよくお腹にぶすりとナイフを刺すと、お腹は太鼓みたいに裂けました。お母さんはバタンと床に倒れて、汚れた洗濯物の塊みたいになって、血にまみれました……

かわいそうなお母さんが床に倒れるよりも早く、ムッシュ・ボフォンは蛇のようにさっとジャン坊やに飛びかかりました。

「この極悪人め！　どうして自分のお母さんを殺したんだ？　お前は蛇の子！　サタンの子だ！今日こそお前を骨にして憲兵につき出してやる」

ジャン坊やは答えました。

「こんなの何でもないですよ《サ・パ・アイヤン・サ・パラン》」

「よく見ておいてください《ガデ》、今にわかりますから《ウ・ケ・ウエ》。お母さんをよみがえらせましょう《モワン・ケ・レシュシテ・ラ・メ》！」

「おお、お前はうそをつくのか《ト・マンチ・ソシエ》！　そんなことがお前にできるわけがない《ウ・パ・カピシュ・フエ・サ》！」

「じゃあよく見ておいて！　今にわかりますよ！」ジャン坊やは答えました。

ジャン坊やは、ピーピーピーと笛を鳴らしました。

次に、お母さんの亡骸《なきがら》の近くに飛びかかりました。

「脚よ動け！」

お母さんは片方の脚を動かしました。

「ピーピーピー、もう片方の脚よ動け！」

お母さんはもう片方の脚を動かしました！

「ピーピーピー、腕よ動け！」

お母さんは片方の腕を動かしました。

「ピーピーピー、もう片方の腕よ動け！」

お母さんはもう片方の腕を動かしました。

「ピーピーピー、体よ動け！」

お母さんは体全体を動かしました。

「ピーピーピー、起きろ、立て！」

お母さんは起きて、立ちあがりました。

ムッシュ・ボフォンは唖然として、虹みたいに口をあんぐり開けていました。「この子は魔法使いだ、この子は魔法使いだ」

それから、ムッシュはジャン坊やをまじまじと見て言いました。

「ジャン坊や、その笛を売ってくれ」

ジャン坊やは答えました。

「覚えているでしょう。鞭で面倒なことになったのを。笛を売ったりしたら、またそのせいで面倒が起きることになりますよ」

　ムッシュ・ボフォンは答えました。

「お前の知ったことか。笛を売ってくれ」

「わかりました。どうぞ。でも無理にゆずれといったのはそっちですからね。覚えておいてください」

　ジャン坊やは、今度こそムッシュ・ボフォンとはけりがついたと思いました。

　ムッシュ・ボフォンが何をしたと思いますか？　自分のお母さんの部屋まで上がっていって、そこにいた年老いたお母さんは――ボフォンばあさんのことですが――、部屋の真ん中でヴィエ・ピケト・ザクラ（揚げ物をするときに使う針金）みたいに見えました。

　ムッシュ・ボフォンはお母さんに向かって手をあげて、お腹の真ん中を勢いよく刺すと、あわれなお母さんは大きな息をついて、熟したパンノキの実みたいに床にばったり倒れました。

　べケは平然としていました。

　お母さんが血にまみれるのを目にすると、小さな笛を手にしてお母さんの亡骸の近くでピーピーと吹き始めました。そして言いました。「脚よ動け！」

「さあ！　ほら！　この木の塊が動くのを見ろ！」

「ピーピーピー、もう片方の脚よ動け！」

　かわいそうなおばあさんは、ボロきれの塊みたいになっていました。

「ピーピーピー、おい、おいって言っているだろう！」

「マダムが棒みたいに硬くなってしまった！」

そうしてムシエ・ボフォンは、手で頭を抱えて泣き出しました。

「わーん、わーん、お母さんを殺してしまった。わーん、わーん」

その泣き声を聞きつけて、近所の人がみんな駆けつけました。

「イエス様《ジエジ》！ なんていうことだ《キ・マ・レ》！ ベケが自分の母親を殺した《ベケ・ア・キエ・ママン・イ》！」

ある人が言いました。「気がふれたんだ！」

他の人が言いました。「昨日タフィアを飲みすぎたんだ！」

また他の人がつけ加えました。「俺は極悪人だからだと思うぞ」

ベケってのは憎たらしい奴だ！ そいつは『植民地新聞』をとっているぞ。

しまいには、めいめいが好き勝手なことを言うのでした。

警察官《ジャンダム・チ・バトン・リヴエ》がやってくると、現場検証をして、死体の周りをぐるぐる回り、「山羊のことは羊にはわからぬ《ザフエ・カブリト・パ・ザフエ・ムトン》」と結論づけて、さっさと行ってしまいました《ヨ・フ・カン》。

そのあいだに、ムッシュ・ボフォンは泣きやんで、こんな不幸がなぜ起こったか、ジャン坊やのいたずら《マラントリ》をすべて、みんなに話したのでした。

それを聞いた人たちは、みんなジャン坊やをけしからんと思いました。ジャン坊やのことを、道端に顔を出す蛇よりも悪く言いました。そしてみんなで集まって、そんな黒人の子を海の向こうに沈めに行くことにしました。

みんな歌を歌っていました。「ジャン坊やを水平線に捨てに行こう《アンヌ・ジエテ・チ・ジャン・ロリゾン》！ ジャン坊やを水平線に捨てに行こう《アンヌ・ジエテ・チ・ジャン・ロリゾン》！」

ジャン坊やがお母さんの家《カズ・ママン》にいると、歌がこっちのほうに来るのが聞こえ、こう思いました。

「ジャン坊や、お前の最後の日は今日だ。勇気を出せ！」

小屋に着くと、人々はジャン坊やを捕まえて、袋の中に押しこみ、マオ・ピマンでできた縄で袋の口を縛って、ジャンの旦那は水平線に続く道へ一丁できあがりとなりました。

こうおっしゃることでしょう。「あわれなジャン坊や《ポヴ・チ・ジャン》！　今度の今度こそおしまいだ《セ・ト・フォワ・イ・フティ》！」でもちょっと待ってください。

みんなは海に着く前に、どうしても飲み屋に寄らねばなりませんでした。そのせいで、ジャン坊やは助かりました。

袋を地面におろして、みんなは「お酢屋」に入って、「セック」（水も砂糖も入っていないタフィア）を飲みました。黒人たちが立ち飲み屋を前にして、入らずに通り過ぎるようなことは、かつてないに違いありません。むしろロバが十一時を過ぎて仕事をしているのを目にすることのほうが、ありえる話でしょう。お金を出していたのは、ムッシュ・ボフォンでした。みんなお腹がいっぱいになったことは、言うまでもないでしょう。

そのあいだ、ジャン坊やは袋の中で泣いていました。泣きに泣いて《カ・プレレ・カ・プレレ》、えんえんえん《イ・イ・イ》……。とはいえ、耳は開いていました。何が聞こえるでしょう？　ひとりの年老いた黒人が通り過ぎる音です。

「おじいさん、親切なおじいさん、ちょっと袋を開けてもらえませんか。悪い人たちに海の向こうに捨てられそうなんです」

「どうしてお前のことを水平線に捨てようとなんてするのかね」

「ああ、親切なおじいさん！　ベケの家畜がサトウキビ畑を荒らしたせいなんです」

家畜にサトウキビをたった二本かじられたというだけで、こんな幼い黒人の子を海へ捨ててしまうつもりだって？　いいや、そんなことは信じられない！

老人は小さなナイフをとり出すと、マオの縄を切って、ジャン坊やを出してあげました。

外に出るとすぐにジャン坊やは、自分と同じぐらいの大きさの木の塊を袋につめて、人びとがどうするか見とどけるために、自分はしげみに隠れました。

トムの小屋から出てくると、みんなお腹が大砲みたいに丸くなっていて、何の疑いもなしに袋を取ると、カヌーに乗せて海の向こうに向けて投げ捨てました。

こうしてジャン坊やは無事だったのです。

そしてジャン坊やは、神への感謝のミサに司祭様《ミシエ・リ・キュレ》に五フラン持っていくのを忘れました。恩知らずのジャン坊や！


とはいえ、そんなのはジャン坊やの知ったことではありません。ジャン坊やの願いはただひとつ。代父を一文無しにして、ついでに袋の一件の仕返しをすることです。

ジャン坊やの頭の中には、悪知恵がまだまだいっぱいありました。

ある日、ムシェ・ボフォンがベランダに座って葉巻を吸っていると、角の生えた動物たちが大きな群れになって、自分のほうに向かってくるのが目に入りました。群れのうしろには、鳥みたいに着飾った黒人の子がいて、ピシャ、ピシャと鞭を振っていました。

ムッシュ・ボフォンは、遠眼鏡を手に取ってのぞきました。遠眼鏡がその手から落ちました。肩が落ちて、かかし《ボワボワ》みたいになってしまいました。

「こんなのはありえない。目の錯覚だ！」

ムッシュは「エドメ！　エドメ！」と呼びました。

「はい、ご主人様《エティ・ムシエ》？」

「着飾って、動物たちのうしろを歩いている黒人の子は誰だ？」

「イエス様、マリア様！　ジャン坊やです！」エドメは答えました。エドメは十字を切って、悪魔でも見たように屋根裏に隠れてしまいました。そのあいだに、ジャン坊やは動物たちを連れて家の前にやってきました。

「ごきげんよう、お父さん！」

「ジャン坊や！　お前なのか！　ありえない！　そんな偉そうに、どこから出てきた《エティ・ウ・ソチ・ドクテ・コン・サ》？」

「水平線からです。角の生えた動物がたくさんいる向こうのほうからです」

「うそをつくんじゃない、ジャン坊や」とムシエ・ボフォンは言いました。

「うそをつくなんて、もしうそだとしたら、カニのスープでのどがつまってしまいますように！」

「本当だとしたら、お前と一緒に水平線まで行かなければ」ムシエ・ボフォンは言いました。

「ついていきましょう」ジャン坊やは答えました。「本当にそうしなければ。というのも『鶏を前《ラヴェ・》にしてゴキブリに道理なし《パ・ニ・レゾン・ドヴァン・プル》』ですからね」

そしてベケは信じやすかった《サン・グラン・グラン》ので、袋の中に入ってマオ・ピマンの縄で袋を閉じて、海の向こうへ運ばせました。ジャン坊やはあわれな男をカヌーにのせると、行く道で歌いはじめました。「お《モ》いらはムシエ・ボフォンを水平線に捨てに行くぞ《ワン・カイユ・ジエテ・ムシエ・ボフォン・ア・ロリゾン》！」

沖へ出ると、袋の中にいるムシエ・ボフォンを汚れた洗濯物の束みたいにつかんで、ドボンと海の中に捨ててしまいました。

帰り道、ジャン坊やは相変わらずひとりで悪態をついていました。「年寄りの罪人め、地獄へ落ちろ！　サメたちに食われてしまえ！　老いぼれベケ、憎たらしい連中だ！　腹がはちきれるまで飲むがいい、酔っぱらいの老いぼれめ！」

このサタンの子はあわれな男を海に沈めると、すぐにムシエ・ボフォンの家に戻り、自分の家のようにあがりこんで、泣きに泣くエドメも含めてみんなを追い出しました。

「ムシエ・ボフォンはどこへ？」と聞かれると、こう答えるのでした。

「代父はちょっと旅に出まして、自分に代わりをまかせたんです」

しかし、天国では神様が見ていて……

ある日、ミシエ・ジャンは、今では腕みたいに長くなって旦那《ミシエ》になっていたのですが、転げるほど酔っぱらって、サトウキビを搾《しぼ》る車の近くを通りがかりました。車は回っていました。自分に向かってお前呼ばわり《トワゼ》した年寄りの黒人をぶん殴ろう《カセ・ラ・ギョル》としました。

このあわれな老人はサトウキビを一本一本、車のシリンダーのあいだに送っていました。ミシエ・ジャン坊やは、黒人のほうへ向かっていきました。足を踏み外し、真っすぐ横になって、体が

シリンダーに巻きこまれてしまいました。

このことを思い出すと全身が震えます。

大きな断末魔の声が聞こえました。

こうやって話をしているあいだにも、ジャン坊やは全身が車の中に入ってしまい、まさに裏ごし《ミガン》になってしまって、反対側からその搾りかすが引っぱり出されたのでした。

そのようにしてジャン・ロリゾン坊やは死んだのでした。

三十三　小さな王子とメデルあるいは親指小僧

「耳が聞こえる人は聞け《サ・キ・ニ・ゾレイユ・クテ》！
目が見える人は見よ《サ・キ・ニ・ジエ・ガデ》！」

むかしむかし、小さな王子と呼ばれる白人の子供がいて、とても堂々《フイロゾフ》としていました。その子が何より好きだったのは、禁止された遊びをすることでした。農園の小さな黒人の子たちと遊ぶのが好きでした。お父さんが目を離すと、すぐにアノリ（小さなトカゲ）を捕まえて戦わせ、ほっぺたをふくらませようとつっつきました。そしてトカゲをカミツキアリの巣へ捨てるのでした。鶏の尻尾に藁《わら》を縛りつけたり、犬の尻尾には古くなった鍋をつけたり、大したことではありませんが、たくさんのいたずらやいやがらせをするのでした。

そのためお父さんは、ひとりで外に出るのを王子に禁止しました。それでも、柵の扉を開けておいたら、仔山羊が外に飛び出るのを止めることができるでしょうか。

そしてある金曜日の午後、小さな王子はお父さんから、働いている人たちの給料になるお金を町に取りにいくため、馬に鞍をつけるように頼まれました。お父さんが道の角を曲がって、姿が見えなくなったのを確認すると、すぐに年老いた乳母《ダー》に見られないように、背を低く、低くして歩きました。畑へとつながる小部屋に入り込むと、扉を開けてさっと外へ、泥棒のようにこっそり《アン・ベン》抜け出して……

……ほらムッシュは農園の外です。黒人小屋通りの道を通って、皇帝みたいに堂々と通り過ぎました。ムッシュは大人なので、自分で何でもすることができます。細い棒を手に、脇には帽子をはさんで歩きました。行き先も気にせず歩きました。ムッシュは自分が賢いと思いこんでいました。家へ帰れるように、ポケットに粟《あわ》の種をいっぱい入れました。道に沿って、ずっと粟の種をまいていきました。

「帰るときは種をたどればまっすぐ家に戻れるだろう」と思いました。

でもツグミのことを忘れていました。ツグミは目がいい《ニ・ジェ・クレ》ということをご存知でしょう。種が地面に落ちないうちに、ツグミが全部食べてしまいました。

そのあいだ、小さな王子はうしろも振り返らずに進んでいきました。たっぷり歩いたから、さあ帰ろうと振り返りました。地面を見ると、何もない《アイヤン》。王子は顔をあげると、ツグミがヤシの木の上でお腹をいっぱいに《ファル・ヨ・プラン》して、夜のお祈りをはじめているのが目に入りました（アンティルでは夜に鳥が鳴くのです）。

それで自分が馬鹿なことをしたと気づきました。人をからかうのが好きなツグミを見て言いました。

「一杯食わせたとでも思っているのか《ゾト・クエ・ゾト・プラン・モワン》？　残念《カラウ》！」

「来たんだから戻れるはずさ」そしてツグミに背を向けました。

　不幸にも、王子は十字路を通り過ぎたことに気がつきませんでした。ちょうど運にまかせて行く道を変えたところで考え直して、もと来た道を戻りました。

　王子は困ってしまいました。立ったままあごに手をあてて、思い出そう《ア・ソンジエ》、思い出そう《ア・ソンジエ》としました。しまいには、思いきりをつけるために、コマみたいにくるくる回って、止まったところで目の前にあった道を行くことにしました。

　しばらく歩いてから、お父さんの家に帰る道ではないことに気がつきました。王子は十字路へまた戻ると、思い出そう《カ・ソンジエ》、思い出そう《カ・ソンジエ》としました。また別の道を選びました。今度こそ正しい道だと思っていました。しかし森の近くに着いてしまい、それは見たことがない森でした。

　王子はなおも歩き続けました。遠くにお父さんの家に似た館が見えたからです。近づいてみると、勘違いだったことに気づきました。もうくたくたに疲れて、足に力が入らなかったので、館に入って休ませてくれるように頼みました。

　最初に出会ったのは、メデルという女の子でした。

「何しに来たの、お馬鹿さん？」小さくてかわいい女の子は言いました。「この館が大悪魔とその奥さんの女悪魔のものだって知らないの？」

「大悪魔は、親のところから抜け出してきた子供たちをみんな捕まえて太らせておいて、血を抜いて殺して、体をバラバラにするの。大きな土鍋《カナリ》でスパイスと一緒に肉を火にかけて食べるのよ！　ご覧のとおりわたしはあの人たちの娘じゃないわ。わたしは誘拐されたの。でも太らせているあいだに、わたしのことが気に入ってしまったのよ。子供みたいにそばへ置いておくぐらい、わたしのことを気に入っているわ。でもわたしはあの人たちが呪術《カンボワ》を使うのを見ているうちに、大悪魔と奥さんより強くなったの」

そのあいだ、王子は大人らしく帽子を手に、立ったまま話を聞いていました。そして答えました。

「お嬢さん、僕は家出してきたわけではないんです。ただ道に迷ってしまったんです。迷いに迷っ《セ・ペドゥ・モワン・ペド》て、こんな時間に、ここまで来てしまったんです《ウ・シュマン・キ・フエ・モワン・イシ・ア・セ・トゥ》」

「明日の朝早くに家へ帰ります。どうしようもないからここにひと晩泊めてください」

「よろこんで。でもお父さんに確認させて」

メデルは王子の手を取ると、大悪魔のもとへ連れていきました。大悪魔がゆるしたのは言うまでもありません。大悪魔は奥さんの女悪魔《ギャブレス》に目をやり、眠そうなのをつねって《パンサド》起こしました。そしてふたりとも歯を研ぎ《フィレ・ダン・ヨ》はじめました。

すると大悪魔はメデルに言いました。

「この坊やがよく寝られるように、きちんとした部屋を用意しろ。食べ物と飲み物もやるんだ。しっかり世話してやれ！」


次の日の朝、王子は夜明け前に起きて、出発する準備をしました。

メデルからもらったわずかばかりのティオロロ（薄いコーヒー）を飲み終わると、すぐに「お父さんに、お礼とお別れを言いに行かないと」とメデルに言いました。

メデルは王子を大悪魔のところへ連れていきました。

「いい子だ。お前はすごく素直な子だ。でも出ていく前に、ちょっと頼みごとを聞いてくれるか？」

「もちろん、大悪魔殿。喜んで。何でしょう？」

「ほら、目の前に大きな森があるだろう」

小さな王子は目をしっかりと開けて大きな森《グラン・パパ・ボワ》を見ました。何ということでしょう。全部本物の森です。

「じゃあ、木を全部切り倒して、きれいに整えられた更地《デグラ》にしてくれ。四時までに、いろんな果物や野菜がとれる更地《デグラ》が見たいものだ」

かわいそうな小さな王子。なんということでしょう。肩を落として、腕は乾いたココヤシの葉みたいに、だらりとぶら下がりました。目も流れる川みたいにうつろでした。

結局はあきらめて《クール・ドゥ・ムトン》重たい足を引きずって、大きな森の近くにやってきました。

王子は自分がちっぽけに、本当にちっぽけに思えました。こんな大きな木の森《パパ・ビエ・ボワ》を前にして、木を切り倒すなたや斧も、土地を耕す鍬《くわ》やマユンべさえもなく、草むらに寝そべって、スズメバチに刺された子供の顔みたいに腫《は》れるまで、泣きに泣き《カ・ブレレ・カ・ブレレ》ました。

そうこうするあいだに、時間が過ぎていきました。すべての農園の角笛が正午を告げました。

この男の子をすでに好きになりはじめていたメデルは見守っていました。館では、大悪魔が女悪魔に「お前、今日は飯を食べさせなきゃならない人がいることを忘れるな」と言っていました。

「メデル」女悪魔が言いました。「あの子が太るように、半分に割ったひょうたんの器においしい食べものをいっぱい入れなさい。食欲がわくように、ココ・メル（タフィアのこと）も忘れずに持っていくのよ」

そして声をあげて笑いはじめたのでした……

メデルは頭にお盆《トレ》をのせて出かけました。森へ着くと、あまりに気が沈んで地面に倒れている王子を見つけました。

「王子！　かわいそうに！　そんなふうに気をもむなんて馬鹿ね《ウ・トロ・ソト・トゥナン・サン・ウ・コン・サ》！」メデルは大きな声で言いました。

「大馬鹿さ！　僕の立場になってもみてよ！」王子は答えました。「両手に何もなしで更地《デグラ》にするのが四時までだなんて！　僕みたいなあわれな子供にだよ」

王子はまた泣き出しました。

メデルは隣に座り、こう言って慰めました。

「泣かないで《パ・プレレ》、泣かないで《パ・プレレ》。お腹いっぱい食べてから考えましょう《マンジエ・トゥジュ・プラン・ヴァント・ウ・アプレ・ヌ・ケ・ウエ》。」

「どうすれば食べられるっていうんだい？　首がカブア（弾力性のある草）で縛られたトカゲみたいに絞まっているのに。息がつまる！」

「大したことじゃないわ《サ・パ・アイヤン》」メデルは言いました。「わたしが持ってきたココ・メルを一口飲んだらよくなるから」

「それに王子、わたしは館でたくさんのことを学んだの。今ではわたしのほうが大悪魔より強いわ。ここに小さな棒があるから、手に持って。三時半ごろ、これで地面をたたいて。あっという間に大きな森が広い更地《デグラ》に変わるから。植えた穀物は収穫どきで、バナナは黄色くなっているはず」

「それから四時ごろ、鳥みたいに着飾った男の人が通り過ぎる。その人に『すみません。ひとつ頼

みごとをしてもいいですか？　もし大悪魔の館の前を通ったら、全部更地《デグラ》になったと伝えてくださ
い。あと、木からとったこの小さなバナナの房を（しようがない、お願いします！）渡してくださ
い』って言うのよ」
「それじゃあ、頑張って。わたしは帰るわ。お腹がはちきれるまでご飯を食べて！」
それから笑うことも話すこともなく仕事を終えると、地面に寝転がって昼寝をしました。三時半
になるとつらそうに起きあがって、小さい棒を手に取ると、地面をたたきはじめました。トン、ト
ン、トン、トン……

するとなんということでしょう！　三度たたき終えるやいなや、木が全部消えて、見たことも
ない更地《デグラ》があらわれました。そこにはカナリで煮るのにぴったりのサツマイモ、ヤマイモ、あらゆ
る種類のカリブキャベツ、エンドウ豆、キュウリ、カンマニヨク、バナナが植えられていました。
そのときメデルが言ったとおり、馬に乗った立派な男の人（それはあの悪魔でした）がパカパカと
通り過ぎました。
小さな王子は男の人を呼び止めました。
「着飾った旦那、少し止まってもらえませんか？」
「何だ？」男の人は馬を止めました。
「もし大悪魔のお城の前を通るなら、僕のかわりに仕事が終わったと伝えてもらえませんか？　そ
れからこれを渡してください」
小さな王子は目に入ったいちばん立派な黄色い房をとって――「サンピエールバナナ」と呼ばれ
るものなのですが――男の人に渡しました。

王子が背を向けると、大悪魔は悪態をついて、地団太を踏んで、ぶつぶつ言いはじめました。

「ちくしょう、あの坊主がわたしよりも百倍も上だったとは。しっかり見張っておく必要《カンブ》がある
な」

そして馬に乗って館に行くふりをしましたが、姿を変えて、すぐにまたやってきました。戻って
くるやいなや言いました。

「まったくもって結構、結構だ。立派な更地《デグラ》だ」

それから大悪魔は館へ帰りました。

小さな王子はうしろで馬の尻尾をつかんでいました。


そして次の日の朝、小さな王子は逃げられると思い、大悪魔に別れのあいさつをしに行きました。

しかしひとたび悪魔の爪にかかったら、そんなふうに逃げられるものではないのです。

大悪魔は答えました。

「帰してあげよう。約束したことは守る。ただ君は本当に強いから、もうひとつ頼みごとを聞いて
もらおう」

このかわいそうな子供に、何と答えろというのでしょうか？

「喜んで。どうぞ言ってください」

このとき、王子は怖くて死にそうでした。

「それでは、丘の上を見ろ。きれいで平らなサヴァンナが見えるだろう。そこに四時までに、三十
階の立派な館を建てて、金の扉を百枚つけて、全部かぎもつけておけ」

小さな王子はひと言も言わずに出かけました。歩いて、歩いて、歩くと……ついに丘の上に着きました。道の途中でお父さんのことを思い、泣きに泣きました《カ・プレレ・カ・プレレ》。ああ！　どうして僕はお父さんの言うことを聞かなかったんだろう？　今日が僕の最後の日だ！　家では一度も働いたことがなかった。僕のうしろにはいつも女中がいて、僕のかわりに何でもやってくれて、靴ひもまで結んでくれた。でも今日は三十階の館を建てて、金の扉を百枚つけて《エピ・サン・ラ・ポト・アン・オ》、全部にかぎもつけなくちゃいけない《トゥト・ラ・クレ・アダン・ヨ》。かなづちやのこぎりもない、かんなや釘さえもない、薪や石灰すらない、何もない！　お父さん、ごめんなさい、僕はもう二度と会えない。

そして小さな王子は泣きながら、動物の死骸の上で犬がそうするように転げ回りました。胸が引き裂かれる思いでした。

そのあいだ、メデルは王子のことを忘れていませんでした。お昼の角笛が鳴ると、女悪魔に言いました。

「高台で働いている人がいるのを覚えている？」

「本当ね。忘れるところだったわ。クイに食べ物をいっぱい入れて、持っていきなさい」

メデルは家を出ました。高台に着くと、顔を腫らして目を唐辛子みたいに真っ赤にした王子がいました。

「何て馬鹿なの！《ファンク・ウ・ツト》　かわいそうに！《モン・ポヴ》　わたしの小さな棒はどこ？」

「ここにある《ミ・リ》」

「じゃあ、三時半ごろに、前にも言ったとおり地面を三回たたいて。そうすれば立派な館が目の前で太陽みたいに輝いて、それに大悪魔に頼まれたものが全部あらわれるから」

三時半ごろ、王子は棒を手に取って、地面をたたき始めました。わあ！　なんてことだ！　何が見えるかって？　全部が大理石でできた百階建ての立派な館に、金でできた百枚の扉、扉にはみんなダイヤモンドでできたかぎがついていました。まぶしくて、太陽が出ているときのスリ・ソル（コウモリ）のように、目を閉じなければいけませんでした。

小さな王子は有頂天になりました。カランダをおどり始め、コサック、ギヨンバ、メレマレ、ボンベセレまでおどりました。

そして四時の角笛が鳴ると、昨日と同じように変装した大悪魔があらわれました。大悪魔《リ・レテ・アババ・ギヨル・リ・カ・ペン・グラン・ウヴエ・カ・クテ》はあんぐりと口を開けたまま、黙って聞いていました。

小さな王子はおどりで息を切らせながら、大きな声で言いました。

「旦那、馬に乗った立派な旦那、もし大悪魔の館の近くを通ったら、館は準備できたと伝えてもらえませんか？」

ご存知のように旦那は大悪魔自身なので、背を向けると地団太を踏み、また文句を言いはじめました。ちくしょう！　あの坊主がわたしより千倍も上だったとは！

それから大悪魔は、助言を求めに女悪魔を探しに行きました。

女悪魔は占いをするために、トランプを切りはじめました。すべて床に並べると、手をあごに当てながら考えに考えました。

そして答えが出ました。

「ダイヤのジャックの隣にあるスペードのクイーンがわかる？　そう、全部メデルの仕業《しわざ》よ！　あなたが呪術《カンボワ》を使うのを見ているうちに、あなたより強くなったのよ」

「メデルができないことを王子に頼まないと」

「明日、夜明け前に川岸へ行って、水で二枚の板を作って持ってくるように言うといいわ」

大悪魔は喜んで、舌を出した山羊みたいに飛び跳ねました。そして、小さな王子がまたお父さんに会いに帰りたいと頼むと、こう答えました。

「今度で最後だ」

「明日の朝早く起きて川岸へ行って、水で二枚の板を作って、わたしのところに持ってきてくれ」

「持ってきたら、帰っていいか聞かなくてもいい。家の中に板を入れたら、帰りなさい」

かわいそうな王子！　今度こそ逃げられないと思いました。生きることに疲れて、死んだほうがましだと思いました。

必死になって生きることに疲れてしまったのです《イ・テ・ラ・グメ・ブ・ラ・ヴィ》。

それでも心の中で、悪魔のカナリに入れられる前に、メデルに会いに行こうと思いました。

そうするあいだ、大悪魔と妻は包丁を研いで、カナリを洗い、小さな王子を味つけするためのスパイスを混ぜあわせていました。

王子が最後の仕事について知らせようと、まるで埋葬に参加するようにメデルの部屋へ行くと、メデルは声をあげて笑い始めました。

王子は唖然としました《レテ・ベト》。

メデルは言いました。

「怖いの？」

「何でもないことよ《サ・パ・アニャン》。気にする必要もないわ。お腹をいっぱいにして寝てるのね《ドミ・プラン・ブダン・ウ》。明日の朝、大悪魔のところへ行って、こう伝えるのよ。『水の板ができました。川岸のしげみに隠しました。持ってくるので、けむりでできたたいまつをください』ってね」

小さな王子は喜んで、家で伸び伸びと寝転がって眠りました。次の日、大悪魔に会いに行くために早起きしました。

悪魔は王子から話を聞くと、死んでしまいそうなぐらい腹を立てました。

ひと飛びで奥さんのもとへ着くと、このことを伝えました。

奥さんは口をあんぐりと開けて《タ・ア・ロンジエ・ギヨル・リ》、「相変わらずメデルの仕業よ。メデルを殺さないかぎり、王子は殺せない」と言いました。

「よし、わかった」悪魔は王子に言いました。「明日の朝まで待とう」

あなたたち子供にはわかっていますか《ゾト・サヴ・ザンファン》。耳がふさがっていないということが《ゾレイユ・パ・ニ・クベティ》。こっそり聞いていたメデルは、悪魔たちのたくらみを知りました。聞いたことをすべて、王子にそのまま伝えました。それから言いました。

「怖がらないで《パ・ペ・プ・サ》。今できるのは逃げること《シャペ・コー・ヌ》。でもよく聞いて。話をするのには何が必要？」

「舌と唾だよ」

「舌と唾で強いのはどっち？」

「舌さ。乾いたら話せなくなるからね！」

「たとえば選挙で演説する人は、舌を湿らせるためにコップに水を入れていつも近くに置いているし」

「わたしたちがするべきことはこうよ。ベッドの近くにそれぞれ唾を吐く。唾が乾かないうちは、わたしたちのかわりに話してくれる。悪魔がわたしたちに話しかけると、かわりに答えてくれる。そのあいだに逃げましょう」

それからふたりは眠りました。悪魔のいびきが聞こえてくると（まるで雷が鳴るようでした）、ベッドからおりてそっと扉を開け、身をかがめて歩きました。そして一度外へ出ると、一目散に逃げました。

遠くまでやってくると、もう夜が明けそうで、強い風が吹くのを感じました。嵐がやってくるみたいでした。

メデルは小さな王子に言いました。

「風が荒れ始めているのがわかる？　何だか知っている？　大悪魔が風を切ってこっちへ向かっているのよ」

事情はこうでした。大悪魔は寝る前に、日がのぼらないうちに子供たちを殺そうと包丁を研いでおきました。血をためてブーダンを作るため、塩の入ったクイを用意していました。子供たちが逃げるといけないので、片目は閉じ、もう片方の目は開けておき、「メデル！　小さな王子！」とずっと叫んでいました。

するとそのたびに唾が「はい、お父さん！」と答えました。

しかし唾が乾いていくにつれて、返事はだんだん小さくなっていきました。

残念なことに、とうとう誰も大悪魔に返事をしなくなりました。唾がすっかり乾いてしまったのです。

大悪魔は思いました。「さあ、いよいよだ！　連中は眠りについた。首を切ってやろう！」
大きな包丁を片手に握って、メデルを捕えようと、もう片方の手をシーツの中に入れました。何《ア》も《ニャン》ない！

怒ってメトル・デ・サヴァヌ（牛）のように嘆きながら、小さな王子のベッドに駆けつけ、シーツをめくりました。何《ア》も《ニャン》ない！

下に目を向けるとすぐに、小さな乾いた唾のあとをふたつ見つけました。メデルの仕業《マラントリ》だとわかりました。

畜生！　あいつらめ！　なんてことだ！　わたしの言うこと全部が、みなさんには信じられないでしょう。蜜蜂に襲われた動物みたいに地面を転げ回りました。地球上のすべての動物を集めたみたいに大声で叫んで、目につくものは何でも壊しました。それは嵐でも、台風でもなく、まさに火山でした。女悪魔が死ぬほど怖がるぐらいでした。

大悪魔は子供たちを追いかけようと出かけましたが、手が震えるせいで、扉を開けるつもりが、バタンと閉まってしまいました。蝶番《ちょうつがい》を引きちぎって走り出すと、目の前にある風は悪魔に道をあけるように吹きました。

メデルが感じたのはその風でした。

しかし、大悪魔から逃げるには時間を無駄にしてはいけません。メデルは小さな王子をきれいなバラの木に変え、自分自身はきれいな赤い花に変わりました。

大悪魔はすぐにやってきました。

「きれいなバラの木とバラの花、小さな男の子と女の子が通るのを見なかったか？」

きれいなバラの木は右にゆれ、左にゆれました。ふたりが通っていないことを伝えるために、右左にいい香りを放ちました。それで大悪魔は別の道を行きました。

そのすきにメデルと小さな王子は逃げる方向を変えました。

ふたりは走りに走って……

しばらくすると、また強い風が吹き荒れるのを感じました。大悪魔が来ることはもうわかっていました。

すぐにメデルはきれいな川に変わり、小さな王子は美しい鴨に変わりました。

そして大悪魔がやって来ました。

「きれいな川と鴨、小さな男の子と女の子が通り過ぎるのを見なかったか？」

川は強く流れて、美しい鴨は翼を動かしました。見ていないことを伝えようと、右に泳ぎ、左に泳ぎました。

すると大悪魔は足を休めることなく、別の道を選びました。

「大悪魔がまたやってきたら、僕たちはもうおしまいだ。もう進めない。いっそ死んでしまったほうがいい」

ふたりは死んでしまうために地面に横たわりました。

そのとき小さな王子は、子供にはそれぞれ守ってくれる守護天使がいて、悪魔が仕掛けてくる罠から助けてくれるとお母さんから言われたのを思い出しました。

王子はそのことをメデルに言いかけましたが、強い風が吹き始めたので言い終えることはできませんでした。大悪魔がまたやってきました。

ふたりとも起きあがりました。ひざまずいて十字を切り、守護天使の助けを乞いました。

すぐにメデルは教会に変わり、小さな王子は使用人に変わりました。

大悪魔がやってきましたが、目にほこりがつまって何も見えませんでした。見えるようになったころには、教会と使用人の前にいて、使用人が杖を振りあげていました。

大悪魔は赤いカニ《トゥルル》のように地面の中にさっと消えてしまい、きついけむりのにおいが残りました。

小さな王子とメデルはもとの姿に戻りました。のちにふたりは結婚しました。

でも、よく聞きなさい。

ふたりは自分たちが自由なのだと思っている。そうではないでしょうか？

畑の野菜を見てみなさい。ヤマイモを見てみなさい。ヤマイモは自分が自由だと思っています。

というのも、つるをそこらじゅうに張りめぐらせ、他の植物を伝って、天国へのぼっていこうとするからです。

しかしつるを張りめぐらせれば張りめぐらせるほど、自分を締めつけることになります。

だから自由だとか、誰も頼っていないなどと思わないように。

子供たちよ、わたしたちはみんなひとつに結ばれていて、みんな兄弟なのです。

三十四　古物商

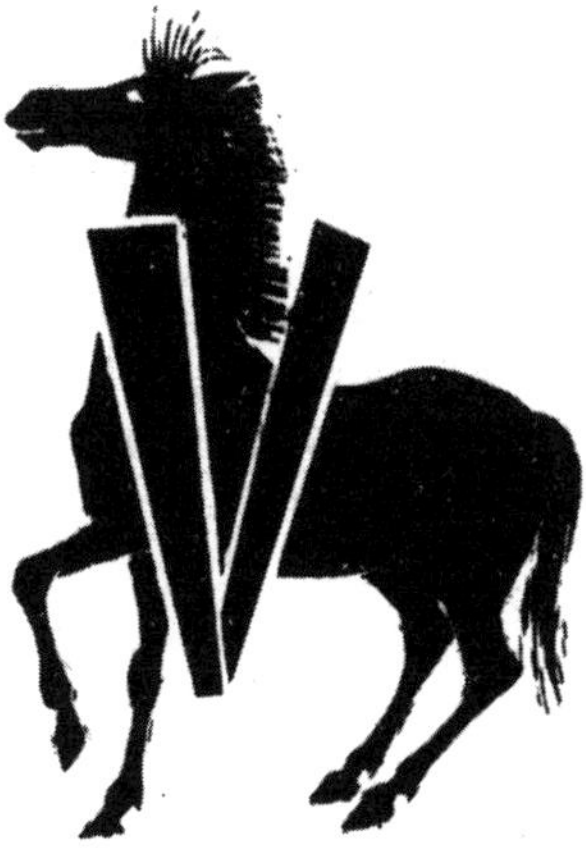

こんなうわさが、かみなりみたいに広がり始めました。
マルラトは終わりだ！　マルラトはもう終わった！
マルラトのことを知らない人がいるでしょうか。マルラトは古物商の王様でした。その芸当は伝説になっていました。

それはグロモルヌの守護聖人の祝いの日のことでした。当時は皇帝のものだった大通りで、古物の競りが盛況を迎えていました。

その日、古物商たちは酔っぱらって熱くなっていました。年老いた馬に若い馬、目の見えない馬に目の見える馬、三本脚の馬に四本脚の馬、鞍つきだったり、手綱つきだったり、ろくに見もせずに売り買いしていました。「売るのか、売らないのか！」

競り合い《コラジュ》は何とも言えないものになりました。突然マルラトとギヨルピュスが競売に加わって、古物商のライバルとして有名なふたりが顔をあわせ、おたがいに準備万端でした。

三歩先も見えないほどでした。名人ふたりを取り囲む人だかりは、音も立てず見守っていました。耳の中で蚊が飛ぶ音《ジゲ》すら聞こえないほど静かでした。

ギヨルピュスは、夜の深い暗闇の中でも見えるぐらい白いやせ馬と一緒に進み出ました。マルラトを見つけました。やりとりが始まりました。

「やあ」ギヨルピュスは言いました。「今日で最後の日、夜明けまでにけりをつけようじゃないか。鞍、くつわつきで五百フラン、一級品、豪華な馬を、名の知れた愛好家デブロスのところで買った。デブロスが危うく地面に振り落とされそうになったから売り払った馬。あんたの老いぼれ馬と引き換えに、鞍にくつわをつけて百フランでどうだ」

「老いぼれ馬だって！　なんとも強気に出たな！　こんなにも若い雌馬《めすうま》で、おまけにプエルトリコから連れてきたというのに。さあ、もう帰る時間だ。帰るのに必要な五十フランとたばこ《ブト》一箱でいいのなら、取引成立だ」

「のった！　取引成立だ。夜が明けるからもう時間がない、馬はあんたのものだ」

マルラトはほとんど酔っぱらい、馬にまたがって家に帰り、馬小屋に馬を入れると、くつわも外さず寝たのでした。目を覚ますと、ギヨルピュスと取引したことをぼんやりと思い出しました。馬小屋へ走っていけば、それはいわば「腐れ馬《ピュテファクション》」だったので、両手で頭を抱えました。「してやられた《コレ》！　マルラト、お前はしてやられた《ト・コレ》！　ギヨルピュスにしてやられた《ギヨルピュス・コレ・ト》！」

マルラトはすみずみまで馬と馬具を調べました。ああ！　馬具はおんぼろ、くつわの鎖はマオ・ピマンの縄、鞍は大きなが穴が開いていて縄が二本ついているだけ。革ひもも似たような始末で、年寄りの馬は五センチもある長い歯をしていて、歯の表面はすり減って象牙みたいで、骨が皮を突き破りそうで、ぶちに覆われた毛並みが年をとって白くなっているのでした。

「ああ！」マルラトは声をあげ、ひとりごとを言いました。「お前みたいな老いぼれの馬に恥をかかされたのか。お前は自分よりあとに生まれて、シャツ一枚でしげみを駆けずり回る姿も見たような若造に買われておいて、今度は人前に出て恥をさらそうというのか！」

「でも安心するんだ！　この年が終わる前に仕返しができなかったら、お前はカニのスープをのどにつまらせて死んでしまいますように！」

マルラトが何をしたかご存知でしょうか？　仕事に取りかかったのでした。「風切り」という名前を馬につけて、横に寝《アバトル》かせ、おろし金とたがねを手に取ると、歯を二センチ短くして、たがねで掘って、前歯には小さな穴をちゃんと残しておきました。

馬に六歳のしるしをつけました。

次に、マルラトは馬に燕麦《えんばく》と栄養のある草をたらふく食べさせて、十歳若く見せました。馬は玉のように丸く肥えました。

例のしてやられ《コル》た件から六か月が過ぎました。マルラトはラマンタンまでおりていって、自分の髪を染めるからといって薬局で黒の染料を二リットル買いました。薬局は、それにしては量が多いと伝えました。

マルラトはこう答えました。

「かまわないさ。染料を切らさないためだから」

家に帰ると、年老いた白い馬をこの上なく美しい黒毛に染めました。

瞬く間に老いぼれ馬が若くて元気なサラブレッドに姿を変えました。

数日のあいだ、マルラトは見事な黒い馬を買ったとうわさを流しました。次の日曜日、町へ下りて、ミサのあとに馬を走らせ、通行人をはねそうになりました（尻を竹の産毛《うぶげ》でこすっておいたので、馬は尻がかゆくて走るのでした）。

翌日、マルラトは大急ぎでギヨルピュスのところへやってきました。マルラトは年寄りであるにもかかわらず、身軽に飛びおりて言いました。

「ギヨルピュス、若造《イシュ・モワン・シエ》よ、取引をするつもりできたわけじゃない。ひとつ頼みがあってきたんだ。うちのあわれな家内が、ひどい病気で死にそうなんだが、埋めてやるためのお金が全然ない」

そしてマルラトはわんわん泣きました。

「お前さんが立派な馬を好きなことは知っている。わしがプエルトリコから取り寄せた黒馬の話は聞いているだろう。それでお前に贈り物をしにきたってわけだ。六百フラン、これ以上はまけられない」

「その馬は何歳になる？」ギヨルピュスは興味なさげにたずねました。

「馬の口を見ろ。お前は馬にくわしいだろう。まだ毛も刈っていなくて、来年で七歳になる」

馬の口を開けると、若い馬の歯が見えました。

「本当だ。この馬には値がついていない。四百フランでいいなら取引成立で、それに、あんたのためだ」ギヨルピュスは言いました。

「四百フランだって？　そいつは弱みにつけこむってもんだ！　自分で自分の首を絞めるわけにはいかない！　とはいってもしようがない。家の中であわれな家内の死体を腐らせておくわけにもいくまい。仕方がない、その値段でいい。贈り物をもらったと思っておけ！　マルラトに勝ったと自慢でもするがいい」

ギヨルピュスは四百フランを支払い、馬を連れ帰り、もみ手をしながら言いました。「老いぼれの一文なしめ！　マルラトは落ち目、もう完全にやられたと言われるだろうな」

そのあいだにマルラトは一目散に逃げて、奥さんに話をすると、腹を抱えて大声で笑いました。「してやったにしても《プ・アン・ベル・コレ》、見事にしてやっ《セ・サ・キ・アン・》たたもの《ベル・コレ》ね」

ギヨルピュスが翌日、馬を洗って老いぼれた白馬が姿をあらわしたときの顔はおわかりでしょう。ギヨルピュスは馬の口を開けると、マルラトが歯をくっつけたり、抜いて偽の歯をかわりに入れていないか確かめるために一本一本触りました。歯は打った鋲のようにしっかりしていました。マルラトのやり口を少しも見抜くことができなくて、「あいつは魔術師だ《ノ・ム・ラ・ソ・シ・エ》、あいつは魔術師だ《ノ・ム・ラ・ソ・シ・エ》」といつまでも繰り返すのでした。

訳者あとがき

本書『カリブ海アンティル諸島の民話と伝説』*Contes et légendes des Antilles* は、現地で使われるクレオール語の口承文芸をフランス語にした本で、フランス国内で民話収集の機運が高まっていた一九五七年、フェルナン・ナタン社のコレクション「民話と伝説」の一冊として出された。これまでにアンティル諸島の民話は多数出版されているが、本書に先立つものに限ると、一九三五年にフランス植民地化三百周年記念に編纂されたマダム・ショントの『いくつかのクレオール民話』*Quelques contes créoles* が一番古い。また一九三九年、日本では小泉八雲の名で知られるラフカディオ・ハーンが残した『三度楽しい民話』*Trois fois bel conte...* がクレオール語とフランス語のバイリンガル版で出版された。一九四三年には、南米大陸に位置するフランス植民地（現在海外県）ギヤナの詩人レオンゴントラン・ダマスによる『闇夜の集い』*Veillées noires* が出された。また一九五〇年刊行の、マルチニックの作家ジルベール・グラシアンがクレオール語の韻文で記した寓話集『ファブ・コンペ・ジカク』*Fab' Compè Zicaque* がある。現在ではこれらのどれもが入手困難である一方、『カリブ海アンティル諸島の民話と伝説』は読み継がれ、一九九〇年からはポケット社のペーパーバックとなっており、容易に手に入る。ちなみに「クレオール」という言葉は、日本ではカリブ海とあたかも同義語のように用いられるが、インド洋に位置するフランス海外県レユニオン島や旧フランス植民地のモーリシャス島などにもクレオール語が存在し、これらの地域のものも「クレオール民話」と題される。もちろんカリブ海のそれとは別物である。

日本では、先述した『三度楽しい民話』が『ラフカディオ・ハーン著作集』に、また文庫『クレオール物語』の中に「クレオール民話―三題」と改題されて収められている。民話集としては、マルチニックの小説家パトリック・シャモワゾーの『昔の時代』（邦題『クレオール民話』）もあるが、一九九〇年ごろ一時的に注目されたクレオール性《クレオリテ》の色が濃い。その語り口がいわばシャモワゾー節で、フランス語圏カリブ海の民話を代表するものかといえば、いささか疑問である。例えば、本書の第十二話「美しい娘は桶の下」が「きれいな娘は桶の下」というタイトルで収められている。両者を読み比べれば、シャモワゾー特有の語り口が一目瞭然である。民話の語り部《ストリーテラー》というよりは、シャモワゾーの小説に特有の語り手《ナレーター》が現れ、話に介入する。

これら以外では、一九八五年に刊行された小澤俊夫編纂の『世界の民話　第三十一巻』がカリブ海の民話である。ただしこの本は、キューバからトリニダードまでの大小アンティル諸島に加え、大陸側のメキシコからコロンビアにかけての中南米大陸の民話も含めて地理的に切り取った、いわば環カリブ海沿岸地域を対象にしている。どこもカリブ海に面するとはいえ、それぞれ宗主国も異なり、言語、風土、歴史などがさまざまであるにもかかわらず、である。またこの本は、ドイツ語から翻訳されたものである。本書ではハイチの民話とされている第二十七話「テザンとジリアの恋」が、ヴァージン諸島の民話として「魚とその恋人」のタイトルで収められており、大筋は同じでも微妙に相違点があるので、比べてみると面白いだろう。

本書の編著者であるテレーズ・ジョルジエルがいかなる人物なのかについては、本作以外に著作を残しておらず、情報がないためわからない。まえがきにハイチ、フランス海外県グアドループとその付属地サント、準海外県サンマルタンの地名が情報提供者への謝辞で挙げられているが、マルチニックには言及されていない。そのことからむしろ、マルチニックに深く関わりのある人物であることが推測される。ではマルチニック人かといえば、そうとも限らない。というのも、本書はクレオール語まじりのフランス語で書かれているのだが（本文にところどころ片仮名でルビがふってあるのはそのためである）、そのなかにクレオール語ともフランス語ともつかない表記が散見されるからである。▼1

しかしながら、たとえ作者が純然たるアンティルの人間ではなかったとしても、作品がその文学的価値を失うものでもない（小泉八雲の『怪談』が、西洋人ラフカディオ・ハーンによって英語で記された作品*Kwaidan*であることが理由で評価が下がることはないだろう）。実際その証拠として、一九八〇年にマルチニックの出版社から出された、中華系移民のマリ・テレーズ・ルンフによるクレオール語とフランス語のバイリンガル民話集『クレオール民話』*Contes créoles*の一話「ゾウのコーヒー」は、もとはジョルジエルが記した話であることを明記している。▼2また、先述したシャモワゾーの民話集の副題は「マルチニック郷土の民話」*Contes du pays Martinique*で、その出典のひとつとしてジョルジエルの『カリブ海アンティル諸島の民話と伝説』も挙げられている。表記の面はさておき、内容の面ではクレオール語文化の擁護者たちにもその真正さが認められていることがわかる。もとより民話は庶民のあいだに代々口承で伝わるものであり、それを記述する際、方言やなまりなどの郷土色が標準語に「翻訳」されることによって失われてしまうのは不可避である。その一方、フランス語で記述する際、あえてクレオール語を民話に挿入するのは、異国情緒を醸《かも》し出す効果だけでなく、原語の痕跡を記述の中に残すことにもなる。そもそも本書はアンティル諸島のクレオール語自体が一様ではなく、クレオール語の正書法が統一されていなかった一九五〇年代のものであり、今なお読める民話集として残っている点を評価すべきではないだろうか。そのため本書では、見慣れない片仮名の言葉や日本語の単語や文にふりがながところどころふってある。それらはフランス語で書かれた原文の中に挿入されたクレオール語を音訳したものである。草木なのか動物なのか、はたまた食べものか飲みものかだけわかれば十分なので、あまり気にせず読んでもらえれば幸いである。

カリブ海アンティル諸島における民話の占める位置

民話がカリブ海でどのように語られてきたかについては、本書の「まえがき」にその様子が思い起こされている以外に、ラフカディオ・ハーンの中編小説「ユマ」に詳しい。そこでは、民話は日が暮れて語られるもので、どれも子供の集中力に合わせて数分程度であるが、かなりの早口で語られる。前口上として語り部が「イエ・クリック」と言うと聴衆は「イエ・クラック」と答え、さらに「イエ・ミスティクリ」という呼びかけに「イエ・ミスティクラ」と応答する。ジョルジェルがまえがきに記しているように、「ラ・ク・ドー？」（「寝ているとやめてしまうよ」という意味合い）という問いかけに「ノン、ラ・ク・ドー・パ」（「寝ないでちゃんと聞いている」という意味）と応答が入る場合もある。話の途中に歌やクリック、クラックの応答が入り、語り部は大きな身ぶり手ぶりに加え、動物の形態模写もして語りに臨場感を与える。しばしば終局で「わたし（語り部）は尻を蹴られて、ここまで飛んできた」と言うことがあるが、それによって物語世界から現実に引き戻され、始まり同様にクリック、クラックの応答で話が終わる。[3] 語り部について、ジョルジェルは農園主宅に住みこむ混血の乳母《ダー》としているが、必ずしもそれにかぎられるわけではない。ジョルジェルもハーンも民話を乳母に結びつけるのは、彼らの現地社会との接点が、乳母を雇う最上層の農園主を介していたからだと推測される。ハーンは、有色人種の老人たちも語ることがあり、娯楽として主人も奴隷も一緒になって熱心に耳を傾けた農園の伝統を伝えている。

……奴隷たちは夕食後も集まって、libres-de-savaneと呼ばれる老齢で肉体労働を免除された、老人の男女から話を聞くこともあった。――それは面白いお話の数々であった。読書には縁のない人々が伝える、非文字文学の粋といってもいいような物語だった。このような口承の文学をあのころは子供のみか大人も、黒人も白人も、分けへだてなく楽しんだ。[4]

このハーンによる説明の中には、フランス領カリブ海地域における民話の意義に関して、ひとつ重要な指摘が含まれている。書かれたものを読むことも、自由にものを言うことも、人が集まることもはばかられたプランテーションの閉ざされた空間で、支配を受ける有色人の大衆にとって口承文化が唯一の表現手段であった。マルチニックの作家エドゥアール・グリッサンはこの点を指摘し、次のように述べている。

そこ（プランテーション――引用者註）にあるのは、そうと指し示すことが禁じられたものを説明しようと努めることで、有機的検閲に対抗してつねに危険をともなった発言手段を見出《みいだ》す、そんな形の文学だ。プランテーションの口承文学は、こうして、奴隷およびその直接の子孫たちが実現した、他の生活技術――生き延びるための技術――と結びついている。[5]

「生き延びるための技術」などというと大げさに聞こえるかもしれないが、フランス領カリブ海の大衆にとっては重大な意義がある。日本では『古事記』や『日本書紀』によって神話の時代から歴史の時代までが記され、実際のところはさておき、古代から現代に至る連続の中に歴史書や文学作品が蓄積されているという既成概念がある。逆にカリブ海アンティル諸島にはそれがなく、非連続によって特徴づけられる。まず先住民がヨーロッパ人によって滅ぼされた断絶に始まり、アフリカの各地から裸で連行されてきた黒人奴隷の断絶がそれに続く。奴隷船上で示し合わせて反乱を起こさぬよう、言葉の通じない部族同士で乗せられたと言われており、ひと口に「黒人奴隷」と言ってもアフリカがそのままカリブ海に移入されたわけではない。このような非連続をグリッサンは「非歴史」と呼び、一種の集団的記憶喪失とみなす。一九八〇年に発表された大著『アンティル論』*Le discours antillais* の中でグリッサンは、カリブ海におけるこのような記憶喪失を神経症になぞらえている。母なるアフリカから引き離された最初の心的外傷《トラウマ》の衝撃が記憶を抑圧し、奴隷制の時代が二百年ほど続いて潜伏期を迎えるが、一八四八年のフランス第二共和制による奴隷制廃止によって抑圧された記憶がぶり返し、譫妄《せんもう》という形で顕在化する。[6] 公教育の制度が植民地にも普及し、本土同様「われらの先祖、ガリア人」と復唱しても、人口の大半を占めるアフリカ系の島民にとっては自分たちの歴史にはならない。

グリッサンは「神話は素朴なものであるとはいえ、歴史意識の第一の与件であり、文学作品の原材料である」[7]と述べ、神話が歴史や文学に先立つものであることを指摘している。問題はまさにそこにあり、カリブ海には歴史の出発点となる有史以前の神話が欠如している。ヨーロッパ人の植民によって根こそぎにされたタイノ族やカリブ族など先住民の文化、代わりに連れてこられたアフリカ人奴隷の抑圧された記憶の上に、ヨーロッパの歴史が覆いかぶさる。グリッサンは現地独自の神話と歴史の欠如に対し、カリブ海における民話の存在意義を主張した。書かれた歴史が「人間」の必須要件とする既成概念への対立項としての口承文化である。[8]民話はこのような固定観念を解消する、いわば反歴史、反記述であるとした。[9]次の世代に当たるクレオール性の作家たちもこの主張を踏襲し、民話の語り部を「記憶の番人」と位置づける。[10]彼らもフランス語で記述された歴史に替え、民話やことわざなど、民衆知に根ざすクレオール語の口承性《オラリテ》をよりどころとしている。[11]

『カリブ海アンティル諸島の民話と伝説』の構成と内容

少々込み入った話になったが、難しい話を抜きにしてもこの民話集は十分に読み物として楽しめる。収録された話すべてを逐一詳細に解説して、楽しみを台無しするのも不本意なので、全体の大まかな構成と形式、および個々の話の内容について簡単な解説を加えることにする。ただし、一部のカリブ海の民話の特性を示しているものには一歩踏み込んだ説明をする。

まず各話の最初にアルファベットを模したイラストが入っているが、原作の書き出しにあたるアルファベットの飾り文字である。また途中、民話の場面を示したやや時代がかった一頁大の挿絵が十一点差し込まれているが、これも原作に挿入されているものである。ただし、一九九〇年以降に流通しているポケット社のペーパーバックでは、これらの挿絵は省かれている。

タイトルに「民話と伝説」とあるように、いわゆる「むかしむかし」で始まるおとぎ話以外に、事実に基づいた言い伝えが収録されている。第一話から第五話までがいわゆる「伝説」にあたるが、第一話「老マルヴァンの伝説」と第二話「キュビラ」の主人公は実在したかどうか不明である。前者は手っとり早く財を成すためカリブ海にやってきた、情け容赦ない白人植民者の典型であり、後者はストウ夫人のアンクル・トム同様、黒人からすれば看過できない従順な奴隷の典型である。悪人である老マルヴァンの終わりには、ひとつ腑に落ちない点がある。ひとりで出ていったのにもかかわらず、誰が自分の殺した奴隷たちに復讐されるマルヴァンを目撃し、言い伝えを残したのだろうか。明らかに、この最後はつけ加えられたものである。おそらく語り継ぎを担うアフリカを出自とした民衆の声であり、黒人の耳には詩的正義、白人の耳には戒めに聞こえただろう。一方で奴隷の一生を伝えるキュビラは、単なる悲しい話なのかそれとも奴隷根性をとがめるものなのか、判断がつかない。これらは先に引用したグリッサンの「そうと指し示すことが禁じられたものを説明」する迂回の手段に当たる。

第三話「黒人が生まれながらに不幸なわけ」は現地の人種的偏見を種にした笑い話であると同時に「なぜなぜ話」である。▼12 第十七話「セトゥト」、第十九話「マンボウの話」や第二十話「犬がしゃべらないわけ」も同様の自然現象や事物の由来を伝える説明伝説である。ちなみに、先に小澤俊夫編訳『世界の民話　第三十一巻』は中南米大陸の民話を含むと述べたが、アンティル諸島側と比べると、大陸側は説明伝説が多い。おそらく、先住民の文化が残存する大陸側と存在しない島嶼《とうしょ》側で、神話的要素が存在するか否かに違いが出るのであろう。

第四話と第五話の主人公は実在の人物で、マントノン夫人は日本ではあまり知られていないが、フランスではよく知られている。プロテスタント詩人として高名なアグリッパ・ドービニエの孫で、子供時代をマルチニックで過ごし、フランス本土に戻って太陽王ルイ十四世の子供の世話係から、王の妻にまでなった人物である。一方、ナポレオンの妻ジョゼフィヌは画家ダヴィドの「ナポレオンの戴冠式」の絵で有名だが、実はマルチニック出身であることはあまり知られていないだろう。ちなみに、これらの話に形式的に近いのが、第二十九話「マリカトリヌ」で、この物語は具体的な場所と時代が特定できるノヴェラである。一九〇二年に大噴火を起こし、当時マルチニックの中心都市サンピエールを壊滅させた歴史的大事件を元にした、新たな創作である。

第六話以降はおとぎ話となる。まえがきでジョルジエルが述べているとおり、植民者の出身地であるヨーロッパや奴隷が連れてこられたアフリカ、また世界中からやってくる船乗りがアンティル諸島には存在した。それ以外にも一八四八年の奴隷制廃止以降、プランテーション労働を厭《いと》う黒人たちに代わってインドや中国から年季奉公として連れてこられた人々もいた。彼らによって各地からもたらされた話が、アンティル諸島に根づくことになった。基本的に登場人物の人種に関する言及はされないのだが、第六話「ポカム坊や」は例外で、黒人の子であることが明言されている。

読んで気づいたかもしれないが、第七話「ヴァヌス坊や」は日本の「桃太郎」そっくりである。猿と犬と雉《きじ》は出てこないが、川で生まれ、人並外れて早く成長し、生家を離れ、海を渡って悪者を退治し、生家に財宝をもたらす。のちに英雄となる子の出生の秘密が川にあるという物語は広く見られるもので、フロイトが『人間モーセと一神教』で分析した英雄誕生の類型とも一致する。[13] しかし、物語全体の構成からするとやはり「桃太郎」のほうに近い。はたして北半球のほぼ正反対にある日本からアンティル諸島へ昔話が伝わるものか、いぶかしく思えるかもしれないが、一九六〇年にノーベル文学賞を受賞した詩人サンジョン・ペルスの年譜に興味深い記述が見られる。一八八七年に生まれて一八九九年までグアドループで育ったのだが、生家の農園にはアフリカ系以外に、インド、ベトナム、中国、日本のアジア系労働者や使用人がいたという。[14] 実際、一八九四年にラフカディオ・ハーンが「西インド諸島への日本人の移住」という記事で、アンティル諸島への移民送り出し計画に反対する文章を書いている。[15] 明治維新以降、日本人のカリブ海移住があり、「桃太郎」が伝わった可能性は十分にある。翻訳になるので参考程度だが、十六世紀半ばから日本で伝道を始めた宣教師がイソップの寓話をもたらし、今日では消失しているものの、一五八〇年代には国字文語体で記された『伊曾保物語』の原本が存在したという。[16] 口承であれば、さらに早い時期に伝達されたであろうことは想像に難《かた》くない。また第八話「クリストポンプ・ドゥ・ポンピナス」はグリム兄弟の「ルンペルシュティルツヒェン」との類似性が指摘されている日本の民話「大工と鬼六」に酷似している。

第九話「青ひげ」はシャルル・ペローの「青ひげ」、第十一話「シネル」はグリム兄弟の「六羽の白鳥」、第十三話「パンプルネル」はグリム兄弟の「命の水」、第二十一話「貧乏はつらい」はラ・フォンテーヌの「乳しぼりの女と牛乳壺」と大筋が同じで、ヨーロッパから伝わった昔話がローカル化したものである。ただ、これらは単なるヨーロッパの民話の翻案ではなく、ほかの地域の民話と混ざっている。例えばアフリカのヨルバ族に結婚をしたがらない娘の話が伝わっており、[17] この逸話は本書の「青ひげ」の冒頭に組み込まれている。ヨルバ族の話において、娘は見知らぬ男と結婚して食べられてしまうが、血が流れたところにキノコが生えて歌を歌い、身内が顛末を知るくだりは「パンプルネル」の結末と同じである。つまり、ヨーロッパとアフリカの民話が混交しているのである。ヨーロッパ由来の中でも有名なのは第十二話「美しい娘は桶の下」で、いわば「カリブ海のシンデレラ」である。主人公の名セセンヌCécenneはフランス語サンドルcendre（灰）から派生したクレオール語sann（フランス語ふうの綴りだとcen）の音を重ねたものであり、その由来が明らかである。ヨーロッパでは、ナポリのジャンバティスタ・バジーレによる『ペンタメローネ』に収録された「灰かぶり猫」が一番古く、ペローの「サンドリヨン」とグリム兄弟の「灰かぶり」がそれに続くのだが、その起源は中国の唐代に記された随筆集『酉《ゆう》陽《よう》雑《ざつ》俎《そ》』にあるという。[18]

　それよりもさらに前、ストラボンが『地理誌』に、シンデレラ物語の中でもとりわけ古いエジプトのロドーピスの言い伝えを、次のように記している。

> 伝説もあって、それによると、この女人（ロドーピス――引用者註）が入浴している折一羽の鷲が履物の一方を侍女の手から奪うとメンピスまで運んで行った。そして、王が野天で裁きを下していたところ、鳥は王の頭上へ来るとその履物を王の膝へ落した。王は履物の格好の良さと不思議な出来事に心動いて地方へ使いをやり、これを履いていた当人を探させた。
> 　女人はナウクラティスの市で見つけ出され、伴われて都へ上がると、王の妻となり、死後子の墓を作ってもらった。[19]

各地のシンデレラ物語に共通するモチーフである履物に関して、「美しい娘は桶の下」では主人公を言い当てるのがオウムで、靴は登場しない。熱帯のカリブ海では、伝統的に庶民は通常はだしだからである。ただその痕跡は残っており、セセンヌが生まれた日にやってきた得体の知れない女が足を洗う際、悪魔であることを示す馬の蹄《ひづめ》で壺が割れるという逸話に置き換わっている。[20]

第十四話「夜の鳥」、第十五話「ユグラングラン」、第十六話「ショラスティヌ」はラフカディオ・ハーンが好みそうな怪奇譚である。第十八話「上のくちばしと下のくちばし」は、どこか聞いたことがあるような気がするストーリーではないだろうか。日本の「聴耳頭巾」に似ている。たしかに頭巾に該当するものは出てこないが、柳田国男の言葉を借りれば、動物の言っていることが理解できるようになって難題を解決する「鳥言葉の昔話」にあたる。[21]「上のくちばしと下のくちばし」に限らず、与えられた試練を乗り越えて幸せな結婚を迎えるという結末はしばしば見られる。どれにも共通するのは貧しく弱い者が富んで強い者に迎えられることである。民俗学者の関敬吾によると、それは昔話を伝承するのが庶民だからであり、自分たちのために作り出されたもので、自らの属する下層社会と上層社会のあいだに存在する境界を乗り越える願望を示しているという。[22]これはカリブ海にも当てはまり、例えば本書にあらわれる王様や神様は、現実には農園主である白人以外の何者でもない（富を象徴する場合は王となり、善だと神となる）。主人公が王様の娘と結ばれるのは、下層の者が婚姻によって、上層のプランター社会に迎え入れられることを意味する。しかし現実には白人が有色人と結婚するのは最大のタブーで、ハーンが次のように記している。「白人クレオールにとって、自分の種族社会と袂《たもと》を分かたずには決して超えることのできない一線とは、唯《ただ》一つ、他人種との結婚に他ならない」[23]これもグリッサンの言葉を再び援用すれば「そうと指し示すことが禁じられたもの」、つまり農園という閉ざされた空間で民衆が公言できない望みを、婉曲に表明したものである。

第二十三話から第二十五話まではカリブ海では有名なウサギ民話で、ジャンルは動物昔話である。非力なウサギが自分より大きくて強い動物を知恵で負かす話で、これも明らかに寓話という形式を借りた、力関係を転覆させる願望を表した話である。ウサギ民話については、マダム・ショントの『いくつかのクレオール民話』がウサギとザンバ（ゾウであったりヤギであったりする）の話を多数収録している。アメリカ南部にも類話が伝わっており、ジョエル・チャンドラー・ハリスの『アンクル・リーマス』*Uncle Remus*（邦題『ウサギどんキツネどん』）と多くの類似点が見受けられ、一般に黒人がもたらしたアフリカ起源の動物譚だとされている。実際、一九五三年にセネガルの作家サンゴールとサジの共著で、野ウサギのルクとハイエナのブキが主人公の児童書が出版されている。[24]イギリスの比較宗教学者ジェフリー・パリンダーによると、サヴァンナのような開けた土地ではずる賢い動物が野生のウサギとなり、森林地帯ではクモになるという。[25]後者は英語圏カリブ海で、アナンシという主人公の名前で伝えられている。

第二十三話「ウサギどんのいたずら」で、ベッドの下に隠れるウサギがゾウにうしろ足をつかまれるも、ベッドの脚だとゾウをだまして逃げるモチーフがある。このモチーフを、西アフリカはマリのフランス語作家アマドゥ・ハンパテ・バーが『プティ・ボディエルとサヴァンナの民話』*Petit Bodiel et autres contes de la savane* 収録のバンバラ族の話で記している。イヌがハイエナから逃れ、すんでのところで柵をくぐったところをハイエナに捕まるが、脚ではなく柵だとだまして逃げるというエピソードである。[26]興味深いことに、まったく同じようなモチーフがフランスのキツネとオオカミの話にも見られ、オオカミから逃げるキツネが巣穴に駆け込んだところで足をつかまれるが、根っこだと嘘をついて穴の奥に逃げる。[27] アメリカの民話学者スティス・トンプソンは、ヨーロッパ各地に中世から伝わる「狐物語」の起源は北ゲルマンのキツネとクマの動物譚だとし、このモチーフが北欧では、クマに追われたキツネがフランスの民話と同じ機転で逃れるという顚末が見つかることを指摘している。[28]

同様に、第二十五話「ウサギどんとトラどん」にあらわれるとりもち人形のモチーフも各地で見つかる。アメリカ南部の「アンクル・リーマス」ではタール坊主となり、アメリカ先住民のあいだでもタールウルフという名でほぼ同一の形で伝わっている。[29] パリンダーによると、ナイジェリアのヨルバ族に、ウサギが水を汚し、ゴムの木の樹脂で作った人形で捕えられる逸話があるという。[30] トンプソンによると、これは黒人からアメリカ先住民に広まったものだが、さらにさかのぼるとモチーフの起源はインドに行きつくという。[31]

第二十六話「熱帯のクジラ」では、空腹のクジラに襲われた貿易船の船長が、無慈悲にも乗客を海に投げ捨てる。これは奴隷貿易が行なわれていた帆船の時代、敵対国の私掠《しりゃくせん》船に襲われた奴隷船が、船体を軽くして船足を伸ばすため、積荷である黒人奴隷を海に投げ捨てたという歴史的事実を思い起こさせる。その一方で、話の結末となる狡猾な中国人の知恵は、イスラム文化圏に伝わる賢者であり愚者であるナスレディン・ホジャの笑い話を思わせる。事実、カリブ海にはシリアやレバノンからの移民もおり、ナスレディンが中国人に姿を変えていても何らおかしくない。

第二十七話、第二十八話、第三十話はそれぞれ「ハイチの物語」とタイトルに添えられており、一八〇四年にフランスから独立したハイチはフランス語で「アンティル諸島」と言ったときに、厳密にはそこから外れることをよくあらわしている。ヴァージン諸島に同一の話が見つかる第二十七話「テザンとジリアの恋」は、先述の『酉陽雑俎』に記された言い伝え「葉限《しようげん》」の前半に酷似している。[32]父を亡くし、継母《ままはは》にいじめられて育つ葉限がある日、川へ水を汲みに行って赤い魚を見つけ、飼うことにする。池でこっそり育てていたが、遠くへ水汲みに行かされるあいだ、娘の服を着た継母が魚を殺して食べてしまい、その骨は糞土の下に捨てられる。話の後半は世界中に広がるシンデレラ物語とほぼ同一で、死んだ魚の骨が葉限の願いをすべてかなえ、娘は姿を変えて祭りに出かける。正体が判明しそうになって逃げるときに靴を落とす。それが巡り巡って王の手元に至り、持ち主探しが始まる。最後に葉限が王に見初《みそ》められ、継母は石打ちの刑に処せられる。ちなみに、カリブ海版シンデレラ「美しい娘は桶の下」で主人公が桶の下に隠されているというのはやや突飛に思えるが、中国版シンデレラで魚が糞土の下に捨てられるエピソードが形を変えて残った可能性がある。

　第三十一話から第三十三話にかけては、どれも民話にしてはかなり長い。第三十一話「クモは尻から糸が出る」は、マダム・ショントの『いくつかのクレオール民話』にも収録されているが、もっと短い。グアドループの作家マリーズ・コンデによると、カメはヨルバ族由来で、野ウサギやクモに相当するという。[33]第三十三話「小さな王子とメデルあるいは親指小僧」も同様だが、すくなくともふたつの話で構成されており、タイトルにあるとおりペローの「親指小僧」でよく知られる、捨て子が目印に落としていったパン屑を鳥に食べられてしまうモチーフを借用している。つまりこれらの長めの話は、複数の民話のモチーフを組み合わせてできた複合昔話である。第三十二話「ジャン・ロリゾン坊や」も同様で、マダム・ショントの民話集では数話にわたる話をひとつにまとめたものである。ジャンは、弱者が強者をやり込めるという点ではウサギに似ているのだが、少々特異なのは強者が白人だと明示しているところである。マリーズ・コンデは、ウサギの民話が飢えやそれがゆえの盗みなど生存にかかわる奴隷制時代の道徳訓である一方、ジャンの民話は善意や自制など人間の内面的向上が問題とされており、後者は前者に比べて歴史の浅いものだと解釈している。[34]言い換えれば、ウサギがアフリカから伝わった動物寓話であるのに対し、ジャンはカリブ海の独自性が強い民話だということになる。

カリブ海の民話では、当地のプランテーション社会特有ともいえる父あるいは父的存在の不在が特徴として挙げられる。しかし、ジャンの話では農園主ムッシュ・ボフォンが代父（カトリック教会の制度で、洗礼のとき代子の後見人となる疑似的家族関係）と明言されている。伝統的には通常、白人が黒人の子の代父になることはないので、主人公はムッシュ・ボフォンの私生児、つまり血縁上親子関係にある可能性が高い。[35]非嫡出子であるムラートは所領の相続から外れることになるが、ジャンが行なうのは父殺しであり、混血の私生児が白人の地位を簒奪《さんだつ》して地主になる。つまりこれはムラート層が白人層と競合しはじめた時代を反映したものであると推察できる。サトウキビ圧搾機に挟まれてあっけない最期を迎えるのは、因果応報の教えであるだけでなく、過度にあからさまな願望の表明を中和する解毒剤のような機能を果たすためだと考えられる。

世界文学と民話

先住民がいなくなったアンティル諸島は、先史時代にさかのぼることなく、由来がある程度まで追える。ただし、元となる民話自体はどこか別の場所から持ってこられたものなので、さらにその由来を求めると、おそらくどこまでも無限にさかのぼることになる。そもそも、民話には原典にあたるものがあるだろうか。ヨーロッパにおける民話研究のねらいは、比較言語学のインド＝ヨーロッパ語やアーリア人の起源の探求であり、すべてはインドにあるとされていた。しかしフィンランドの民俗学者アンティ・アールネは、それは単にインドで古い文献が見つかるためで、各国で語られている民話の本源とは限らないと指摘している。[36]

そもそも明確な作者も原作もなく、有名な民話集の著者ペローにせよグリムにせよ、作者というよりは編者である。このことは民話が、近代の「作者」や「作品」といった枠組みには収まらないことを示唆する。また近代の作家に必要とされる独創性も、民話には当てはまらない。類話があって当然で、むしろ相似の中に見受けられる地域ごとの差異に味わいがあり、その地理的分布と多様性に価値がある。類話がいたるところで見つかるのは、その話型が文字どおり人口に膾炙《かいしゃ》している証拠、つまり芸術的価値の指標であり、特定の言語や国家との結びつきは絶対的ではない。そもそもアフリカの野ウサギは、十五世紀以降ポルトガルがアフリカ西岸を南下していくあいだに、ヨーロッパ中世の「狐物語」がアフリカに伝わり、あたかも元からあったかのように土着化したものかもしれない。あるいはいくつかのモチーフが、アフリカにすでに存在していた昔話に入り込んだとも考えられる。同様に、リスボンに連れていかれた多数の黒人奴隷たちから、その逆の現象も起こったであろう。[37]ヨーロッパ中世の「狐物語」は北欧に起源があるとされるが、その北欧ではいつから存在しているのか、そしてそれはどこから来たのだろうか。おそらく、民話に単一起源を求めるのは不可能で、その世界的広がりをとらえるには発想の転換が必要である。つまり、従来どおり時間の中で過去から現在に向かう一方通行の派生を系統樹でとらえようとするよりも、空間の中で無数の地点から昔話が行き交う網状の関係によって成り立つと把握するのが適切ではないだろうか。二〇〇〇年以降、しばしば「世界文学」という言葉を目にする。マルクスとエンゲルスが『共産党宣言』で予言したことが現実となり、冷戦以降の市場の統一とともに世界文学の時代が到来したということだろうか。[38] アメリカ合衆国では比較文学の分野で扱われるが、比較文学者デイヴィッド・ダムロッシュは「第一に文学として読まれることで。第二に発祥地の言語と文化を越えて更に広い世界へと流通することで」世界文学になると定義している。[39]「文学として読まれる」という言葉の定義があいまいなのだが、いわゆる「純文学」が多言語に翻訳され、世界規模のベストセラーとなることを指しているのだろうか。「読まれる」というのも活字が前提となっており、カナダの文明批評家マーシャル・マクルーハンふうに言えば、ルネサンス以降の印刷文化と個人主義、ナショナリズムの時代の文脈に属するのは明らかである。[40] 概念の不確かさについて、フランス語圏では二〇〇五年「ル・モンド」紙で繰り広げられた「フランコフォニー」という言葉の使用をめぐる論争が示唆に富む。ことの起こりは、フランス語圏を指すこの言葉の中にフランス人作家が含まれず、もっぱら旧植民地出身の作家を指し、旧態依然としており帝国主義的だという批難に端を発する。その際、ブルターニュ出身の作家ミシェル・ル・ブリスがフランコフォニーの死を宣言し、「フランス語での世界文学」littérature-monde en français を掲げた。[41] フランス語作家四十四名の署名を集め、寄稿を募って宣言書を出すも諸説紛々で、結局それが何を意味するのかわからぬまま下火となった。

元をたどれば、ドイツの文豪ゲーテが晩年の一八二七年、若き弟子エッカーマンに説いた理想である。十九世紀にヨーロッパ諸国が単一言語の国文学を形成していく動きに対し、文芸批評が閉ざされた個人間の書簡から開かれた定期刊行物に移行する流れと軌を一にする、多言語かつ翻訳による世界市民的な文学の希望的観測であった。言い換えれば、文学が歴史化されるナショナルなテーゼに対するインターナショナルなアンチテーゼだった。エッカーマンによって、ゲーテの言葉が以下のように残されている。

国民文学というのは、今日ではあまり大して意味がない。世界文学の時代が始まっているのさ。だから、みんながこの時代を促進させるよう努力しなきゃだめだ。しかし、このように外国文学を尊重する際にも、特殊なものに執着して、それを模範的なものと思いこんだりしてはいけないのだ。(…)むしろ、何か模範となるものが必要なときは、いつでも古代ギリシャ人のもとにさかのぼってみるべきなのだ。[42]

ドイツの文学史家フリッツ・シュトリヒによると、ゲーテの考える世界文学とは、ギリシア古典を理想にした文学の普遍的な原型《アーキタイプ》であり、各国文学はそのヴァリエーションに過ぎないのだという。[43]この考えは、今日わたしたちが世界文学と聞いて漠然と思い浮かべるものとはずいぶん異なるのではないだろうか。そもそも、現在用いられる世界文学という言葉が、ゲーテ的な抽象的普遍文学なのか、「世界の文学」と題されたヨーロッパ中心の古典全集なのか、それに対抗して非ヨーロッパ各国の傑作を聖別化しようとする正典争いなのか、はっきりしない。

一方、民話は近代以前、まだ各国の国境があいまいな時代から各地に広がり、その境界が明確化する時代においてもそれらの垣根を飛び越えて伝播した。世界中の多様な昔話が行き交う網状の関係の中で、移植、混交、土着のクレオール化を繰り返してきた。よそからもたらされたモチーフを取り込み、定着する土地に合わせて姿形を変え、言語や文化の違いを超えて口承で「翻訳」され、語り継がれてきた。その中でも歴史的に浅いがゆえ、まえがきにあるとおりそれがある程度明らかなのがカリブ海の民話である。しかし、はたして言語間をいとも簡単にストーリーが通り抜けられるのかといぶかしく思われるかもしれないが、その可能性は十分にある。さもなければ、広くアフリカ各地から連行された共通の言語を持たない人々のあいだで、いかにしてウサギの民話が生き残ったのだろうか。アフリカの民話を記憶に残す第一世代が、異なった部族から寄せ集められた奴隷で再構成されたプランテーションの共同体において、いかにそれを語り継ぎ得たのだろうか。

民話が言語の制約を超える要因は、その素朴な形式にある。近代文学の主流は詩や小説で、時代を追うにつれ心理、人物、風景の描写が複雑になるが、民話にはこれらがない。登場人物は性格や感情が欠落しており、スイスの民話学者マックス・リュティの言葉を借りれば、心理的奥行きも身体的厚みもない「平面性」が特徴である。[44] その構成要素は出来事、行為、会話である。近代文学特有の人物、心理、風景の描写は土地の習慣や風土、使用言語に深く根づき、他の言語に移し替えるのは容易ではない。一方で行為や会話はそれに比べると容易である。小説とは異なり、民話のストーリーは単線で時間軸に沿って進み、言葉は平易で、話が短い。その上、民話は口承伝達が基本で、非言語的な身体的要素（声の抑揚や表情、身ぶり手ぶり）が言葉を補い、幾度も繰り返し語られる。意思の疎通が最低限可能な程度の相互理解ができれば、ヨーロッパの伝道師によって日本に持ち込まれた『伊曾保物語』のごとくかけ離れた言語間であっても、話が短期間で伝わる可能性は思いのほかある。

リュティは、民話が現実のあらゆるものを抽象化してモチーフとして取り込む性質を「純化」、世界のあらゆるものを包含できる「含世界性」と呼んで、こう断言する。「昔話の純化力は昔話に、世界をみずからのなかへ受け入れる可能性をあたえるからである。昔話は世界を含有している」[45]もし世界文学なるものが存在するのであるとすればそれを考察するにあたって、まずは誰もが知り、「言語と文化を越えてさらに広い世界へ流通する」民話がひとつの鍵となるのではなかろうか。

▼1 ひとつ具体例を挙げれば、第二十五話「ウサギどんとトラどん」において、囚われのウサギが通りがかりのトラに助けを求める際、《Ce que j'ai? ti ni vois pas, non?》（どうしたって見ればわかるでしょう）と言う。文章後半の《ti ni vois pas》はフランス語《tu ne vois pas》を単にクレオール語なまりで表記しただけであり、マルチニックの精神分析家フランツ・ファノンが『黒い皮膚・白い仮面』（一九五二年）で問題視した、アンティル人がカリカチュアされるなまったフランス語を用いるとは考えがたい。

▼2 Marie Thérèse Lung-Fou《Un café d'Éléphant/On café a Zamba》, *Contes créoles*, Éditions Désormeaux, pp. 20-29

▼3 この「尻を蹴飛ばされて」という口上は、フランス北西部ブルターニュの民話に見られるものだという（Édouard Glissant, *Le discours antillais*, Paris, Gallimard, 1997, p. 263）。

▼4 ラフカディオ・ハーン、平川祐弘訳『カリブの女』河出書房新社、一九九九年、一五八頁

▼5 エドゥアール・グリッサン、管啓次郎訳『関係の詩学』インスクリプト、二〇〇〇年、九三頁

▼6 Édouard Glissant, *Le discours antillais*, Paris, Gallimard, 1997, p. 229

▼7 Édouard Glissant, *Le discours antillais*, Paris, Gallimard, 1997, p. 237

▼8　例えばヘーゲルは歴史（記述されたもの）から口承文化を排除し、次のように述べている。「伝説や民謡や民話は、事実そのままの歴史とみなすわけにはいかない。事実のとらえかたがあいまいであり、未発達の民族のいかにも考えそうな観念のつながりだからです。事実そのままの歴史を作りあげる民族は、自分の状態と自分のめざすところを自覚した民族です。目の前に見えている現実のほうが、過去の現実よりも確固たる土台をなすのであって、過去の現実を土壌とする伝説やつくり話は、みずからを民族として明確に自覚するにいたった民族にとっては、もはや歴史の名にあたいしないのです」（ヘーゲル、長谷川宏訳『歴史哲学講義　上』岩波文庫、一九九四年、一二頁）

▼9　Édouard Glissant, *Le discours antillais*, Paris, Gallimard, 1997, pp. 261-263

▼10　パトリック・シャモワゾー、ラファエル・コンフィアン、西谷修訳『クレオールとは何か』平凡社、一九九五年、九四頁

▼11　Cf. ジャン・ベルナベ、パトリック・シャモワゾー、ラファエル・コンフィアン、恒川邦夫訳『クレオール礼賛』平凡社、一九九七年、五一―五八頁

▼12　ジャンルの名称については、スティス・トンプソン『民間説話』の第一部第二章「民間説話の形式」を参考にした（スティス・トンプソン、荒木博之・石原綏代訳『民間説話』八坂書房、二〇一三年、二一―二六頁）。

▼13　ジークムント・フロイト、高橋義孝訳『フロイト著作集　第十一巻』人文書院、一九八四年、二七一―二七九頁

▼14　Saint-John Perse,《Biographie》, *Œuvres complètes*, Paris, Gallimard, 1972, p. ix

▼15　ラフカディオ・ハーン、斎藤正二ほか訳『ラフカディオ・ハーン著作集　第五巻』恒文社、一九八八年、四五六―四六〇頁

▼16　武藤禎夫校注『万治絵入本　伊曾保物語』岩波文庫、二〇〇〇年、三二八頁

▼17　Maryse Condé, *La civilization du bossale*, Paris, L'Harmattan, 1978, p. 43

▼18 ジャンバティスタ・バジーレ、杉山洋子・三宅忠明訳『ペンタメローネ』大修館書店、一九九五年、七七頁

▼19 ストラボン、飯尾都人訳『ギリシア・ローマ世界地理誌Ⅱ』龍渓書舎、一九九四年、五八一—五八二頁

▼20 トンプソンによると、世界中に分布するシンデレラの物語群においてこのモチーフは靴に限るものではなく、しばしば指輪などに置き換わり、話ごとさまざまな異同がありつつも、本筋は保たれているという（スティス・トンプソン、荒木博之・石原綏代訳『民間説話』八坂書房、二〇一三年、二二三頁）。

▼21 Cf. 柳田国男『昔話と文学』角川ソフィア文庫、二〇一三年、二四五—二四八頁

▼22 関敬吾『民話』岩波新書、一九五五年、一五四—一五五頁

▼23 ラフカディオ・ハーン、森亮ほか訳『ラフカディオ・ハーン著作集　第二巻』恒文社、一九八八年、四二六頁

▼24 L. Senghor, A. Sadji, *La belle histoire de Leuk-le-lièvre*, Vanves, EDICEF, 1953

▼25 ジェフリー・パリンダー、松田幸雄訳『アフリカ神話』青土社、一九九一年、二八四頁

▼26 Amadou Hampaté Bâ,《Les trois pêcheurs bredouilles》, *Petit Bodiel et autres contes de la savane*, Paris, Pocket, 2003, p. 103

▼27 新倉朗子編訳『フランス民話集』岩波文庫、一九九三年、二四二—二四三頁

▼28 スティス・トンプソン、荒木博之・石原綏代訳『民間説話』八坂書房、二〇一三年、二〇三頁

▼29 James Mooney, "The rabbit and the tar wolf", *Myths of the Cherokee*, Dover Publications, 1993, pp. 271-273

▼30 ジェフリー・パリンダー、松田幸雄訳『アフリカ神話』青土社、一九九一年、二八八頁

▼31 スティス・トンプソン、荒木博之・石原綏代訳『民間説話』八坂書房、二〇一三年、二六三頁

▼32 段成式、今枝与志雄訳注『酉陽雑俎　第四巻』平凡社、一九八一年、三七—四一頁

▼33 Maryse Condé, *La civilization du bossale*, Paris, L'Harmattan, 1978, p. 35

▼34 Maryse Condé, *La civilization du bossale*, Paris, L'Harmattan, 1978, pp. 40-41

▼35 民族学者クリスティヌ・コロンボによると、話によってはベケが父親とされており、ジャンはムラートということになるという（Christine Colombo, *Des contes de Ti-Jean*, Paris, L'Harmattan, 2012, p. 306)。

▼36 A・アールネ、関敬吾訳『昔話の比較研究』岩崎美術社、一九六九年、一四頁

▼37 パリンダーはアフリカの動物寓話について「その多くがアメリカやヨーロッパに渡っている」とアフリカ専門家の視点から伝播を論じている（ジェフリー・パリンダー、松田幸雄訳『アフリカ神話』青土社、一九九一年、二八八頁）。

▼38 マルクス・エンゲルス、大内兵衛・向坂逸郎訳、『共産党宣言』岩波文庫、一九五一年、四四頁

▼39 デイヴィッド・ダムロッシュ、秋草俊一郎ほか訳『世界文学とは何か』国書刊行会、二〇一一年、一七―一八頁

▼40 マーシャル・マクルーハン、森常治訳『グーテンベルクの銀河系』みすず書房、一九八六年、八八頁

▼41 Cf. Michel Le Bris, *Pour une littérature-monde*, Paris Gallimard, 2007

▼42 エッカーマン、山下肇訳『ゲーテとの対話　上』岩波文庫、一九六八年、三三五頁

▼43 Fritz Strich, *Goethe and World Literature*, trans. C. A. M. Sym, Westport, Greenwood Press, 1971, p. 12

▼44 マックス・リュティ、小澤俊夫訳『ヨーロッパの昔話』岩波文庫、二〇一七年、三五頁

▼45 マックス・リュティ、小澤俊夫訳『ヨーロッパの昔話』岩波文庫、二〇一七年、一六七頁

【著者・訳者略歴】

テレーズ・ジョルジェル（Thérèse Georgel）

1957年の刊行以来、広く読み継がれる本書『カリブ海アンティル諸島の民話と伝説（*Contes et légendes des Antilles*）』の著者で、子供時代をアンティル諸島で過ごしたとされている。1980年ごろ、クレオール語が再度注目される中、本書は、1979年のマリテレーズ・ルンフによるフランス語とクレオール語併記のバイリンガル民話集や、1988年のクレオール性の作家パトリック・シャモワゾーによる民話集（邦題『クレオールの民話』）の典拠に挙げられている。

松井裕史（まつい・ひろし）

金城学院大学文学部准教授。ニューヨーク市大学大学院センターで博士候補資格取得後、フランスのパリ第八大学で博士号取得。文学博士。フランスおよびフランス語圏文学、とりわけカリブ海が専門。訳書に、ジャック・ルーマン『朝露の主たち』、ジョゼフ・ゾベル『黒人小屋通り』（ともに作品社）がある。

カリブ海アンティル諸島の民話と伝説

2021年11月25日初版第1刷印刷
2021年11月30日初版第1刷発行

著　者　テレーズ・ジョルジェル
訳　者　松井裕史

発行者　青木誠也
発行所　株式会社作品社
〒102-0072　東京都千代田区飯田橋2-7-4
TEL.03-3262-9753　FAX.03-3262-9757
https://www.sakuhinsha.com
振替口座00160-3-27183

装　幀　　水崎真奈美（BOTANICA）
本文組版　前田奈々
編集担当　青木誠也
印刷・製本　シナノ印刷株式会社

ISBN978-4-86182-876-8 C0097

【作品社の本】

ヴェネツィアの出版人

ハビエル・アスペイティア著　八重樫克彦、八重樫由貴子訳

“最初の出版人”の全貌を描く、ビブリオフィリア必読の長篇小説！

グーテンベルクによる活版印刷発明後のルネサンス期、イタリック体を創出し、持ち運び可能な小型の書籍を開発し、初めて書籍にノンブルを付与した改革者。さらに自ら選定したギリシャ文学の古典を刊行して印刷文化を牽引した出版人、アルド・マヌツィオの生涯。 ISBN978-4-86182-700-6

悪しき愛の書　**フェルナンド・イワサキ著　八重樫克彦、八重樫由貴子訳**

9歳での初恋から23歳での命がけの恋まで——彼の人生を通り過ぎて行った、10人の乙女たち。バルガス・リョサが高く評価する“ペルーの鬼才”による、振られ男の悲喜劇。ダンテ、セルバンテス、スタンダール、プルースト、ボルヘス、トルストイ、パステルナーク、ナボコフなどの名作を巧みに取り込んだ、日系小説家によるユーモア満載の傑作長篇！ ISBN978-4-86182-632-0

誕生日　**カルロス・フエンテス著　八重樫克彦、八重樫由貴子訳**

過去でありながら、未来でもある混沌の現在＝螺旋状の時間。家であり、町であり、一つの世界である場所＝流転する空間。自分自身であり、同時に他の誰もである存在＝互換しうる私。目眩めく迷宮の小説！『アウラ』をも凌駕する、メキシコの文豪による神妙の傑作。 ISBN978-4-86182-403-6

逆さの十字架　**マルコス・アギニス著　八重樫克彦、八重樫由貴子訳**

アルゼンチン軍事独裁政権下で警察権力の暴虐と教会の硬直化を激しく批判して発禁処分、しかしスペインでラテンアメリカ出身作家として初めてプラネータ賞を受賞。欧州・南米を震撼させた、アルゼンチン現代文学の巨人マルコス・アギニスのデビュー作にして最大のベストセラー、待望の邦訳！ ISBN978-4-86182-332-9

天啓を受けた者ども　**マルコス・アギニス著　八重樫克彦、八重樫由貴子訳**

合衆国南部のキリスト教原理主義組織と、中南米一円にはびこる麻薬ビジネスの陰謀。アメリカ政府と手を結んだ、南米軍事政権の恐怖。アルゼンチン現代文学の巨人マルコス・アギニスの圧倒的大長篇。野谷文昭氏激賞！ ISBN978-4-86182-272-8

マラーノの武勲　**マルコス・アギニス著　八重樫克彦、八重樫由貴子訳**

「感動を呼び起こす自由への賛歌」——マリオ・バルガス＝リョサ絶賛！　16～17世紀、南米大陸における あまりにも苛烈なキリスト教会の異端審問と、命を賭してそれに抗したあるユダヤ教徒の生涯を、壮大無比のスケールで描き出す。アルゼンチン現代文学の巨匠アギニスの大長篇、本邦初訳！

ISBN978-4-86182-233-9

【作品社の本】

悪い娘《こ》の悪戯《いたずら》 マリオ・バルガス＝リョサ著　八重樫克彦、八重樫由貴子訳

50年代ペルー、60年代パリ、70年代ロンドン、80年代マドリッド、そして東京……。世界各地の大都市を舞台に、ひとりの男がひとりの女に捧げた、40年に及ぶ濃密かつ凄絶な愛の軌跡。ノーベル文学賞受賞作家が描き出す、あまりにも壮大な恋愛小説。 ISBN978-4-86182-361-9

無慈悲な昼食 エベリオ・ロセーロ著　八重樫克彦、八重樫由貴子訳

「タンクレド君、頼みがある。ボトルを持ってきてくれ」地区の人々に昼食を施す教会に、風変わりな飲んべえ神父が突如現われ、表向き穏やかだった日々は風雲急。誰もが本性をむき出しにして、上を下への大騒ぎ！　神父は乱酔して歌い続け、賄い役の老婆らは泥棒猫に復讐を、聖具室係の養女は平修女の服を脱ぎ捨てて絶叫！　ガルシア＝マルケスの再来との呼び声高いコロンビアの俊英による、リズミカルでシニカルな傑作小説。 ISBN978-4-86182-372-5

顔のない軍隊 エベリオ・ロセーロ著　八重樫克彦、八重樫由貴子訳

ガルシア＝マルケスの再来と謳われるコロンビアの俊英が、母国の僻村を舞台に、今なお止むことのない武力紛争に翻弄される庶民の姿を哀しいユーモアを交えて描き出す、傑作長篇小説。スペイン・トゥスケツ小説賞受賞！　英国「インデペンデント」外国小説賞受賞！ ISBN978-4-86182-316-9

外の世界 ホルヘ・フランコ著　田村さと子訳

〈城〉と呼ばれる自宅の近くで誘拐された大富豪ドン・ディエゴ。身代金を奪うために奔走する犯人グループのリーダー、エル・モノ。彼はかつて、“外の世界”から隔離されたドン・ディエゴの可憐な一人娘イソルダに想いを寄せていた。そして若き日のドン・ディエゴと、やがてその妻となるディータとのベルリンでの恋。いくつもの時間軸の物語を巧みに輻輳させ、プリズムのように描き出す、コロンビアの名手による傑作長篇小説！　アルファグアラ賞受賞作。 ISBN978-4-86182-678-8

密告者 フアン・ガブリエル・バスケス著　服部綾乃、石川隆介訳

「あの時代、私たちは誰もが恐ろしい力を持っていた——」名士である実父による著書への激越な批判、その父の病と交通事故での死、愛人の告発、昔馴染みの女性の証言、そして彼が密告した家族の生き残りとの時を越えた対話……。父親の隠された真の姿への探求の果てに、第二次大戦下の歴史の闇が浮かび上がる。マリオ・バルガス＝リョサが激賞するコロンビアの気鋭による、あまりにも壮大な大長篇小説！ ISBN978-4-86182-643-6

蝶たちの時代 フリア・アルバレス著　青柳伸子訳

ドミニカ共和国反政府運動の象徴、ミラバル姉妹の生涯！　時の独裁者トルヒーリョへの抵抗運動の中心となり、命を落とした長女パトリア、三女ミネルバ、四女マリア・テレサと、ただひとり生き残った次女デデの四姉妹それぞれの視点から、その生い立ち、家族の絆、恋愛と結婚、そして闘いの行方までを濃密に描き出す、傑作長篇小説。全米批評家協会賞候補作、アメリカ国立芸術基金全国読書推進プログラム作品。 ISBN978-4-86182-405-0

【作品社の本】

アルジェリア、シャラ通りの小さな書店

カウテル・アディミ著　平田紀之訳

1936年、アルジェ。21歳の若さで書店《真の富》を開業し、自らの名を冠した出版社を起こしてアルベール・カミュを世に送り出した男、エドモン・シャルロ。第二次大戦とアルジェリア独立戦争のうねりに翻弄された、実在の出版人の実り豊かな人生と苦難の経営を叙情豊かに描き出す、傑作長編小説。ゴンクール賞、ルノドー賞候補、〈高校生（リセエンヌ）のルノドー賞〉受賞！

ISBN978-4-86182-784-6

迷子たちの街　**パトリック・モディアノ著　平中悠一訳**

さよなら、パリ。ほんとうに愛したただひとりの女……。2014年ノーベル文学賞に輝く《記憶の芸術家》パトリック・モディアノ、魂の叫び！　ミステリ作家の「僕」が訪れた20年ぶりの故郷・パリに、封印された過去。息詰まる暑さの街に《亡霊たち》とのデッドヒートが今はじまる——。

ISBN978-4-86182-551-4

人生は短く、欲望は果てなし

パトリック・ラペイル著　東浦弘樹、オリヴィエ・ビルマン訳

妻を持つ身でありながら、不羈奔放なノーラに恋するフランス人翻訳家・ブレリオ。やはり同様にノーラに惹かれる、ロンドンで暮らすアメリカ人証券マン・マーフィー。英仏海峡をまたいでふたりの男の間を揺れ動く、運命の女。奇妙で魅力的な長篇恋愛譚。フェミナ賞受賞作！

ISBN978-4-86182-404-3

ボルジア家　**アレクサンドル・デュマ著　田房直子訳**

教皇の座を手にし、アレクサンドル六世となるロドリーゴ、その息子にして大司教／枢機卿、武芸百般に秀でたチェーザレ、フェラーラ公妃となった奔放な娘ルクレツィア。一族の野望のためにイタリア全土を戦火の巷にたたき込んだ、ボルジア家の権謀と栄華と凋落の歳月を、文豪大デュマが描き出す！

ISBN978-4-86182-579-8

モーガン夫人の秘密　**リディアン・ブルック著　下隆全訳**

1946年、破壊された街、ハンブルク。男と女の、少年と少女の、そして失われた家族の、真実の愛への物語。リドリー・スコット製作総指揮、キーラ・ナイトレイ主演、映画原作小説！

ISBN978-4-86182-686-3

オランダの文豪が見た大正の日本

ルイ・クペールス著　國森由美子訳

長崎から神戸、京都、箱根、東京、そして日光へ。東洋文化への深い理解と、美しきもの、弱きものへの慈しみの眼差しを湛えた、ときに厳しくも温かい、五か月間の日本紀行。

ISBN978-4-86182-769-3

【作品社の本】

骨を引き上げろ　ジェスミン・ウォード著　石川由美子訳　青木耕平附録解説

全米図書賞受賞作！　子を宿した15歳の少女エシュと、南部の過酷な社会環境に立ち向かうその家族たち、仲間たち。そして彼らの運命を一変させる、あの巨大ハリケーンの襲来。フォークナーの再来との呼び声も高い、現代アメリカ文学最重要の作家による神話のごとき傑作。

ISBN978-4-86182-865-2

歌え、葬られぬ者たちよ、歌え

ジェスミン・ウォード著　石川由美子訳　青木耕平附録解説

全米図書賞受賞作！　アメリカ南部で困難を生き抜く家族の絆の物語であり、臓腑に響く力強いロードノヴェルでありながら、生者ならぬものが跳梁するマジックリアリズム的手法がちりばめられた、壮大で美しく澄みわたる叙事詩。現代アメリカ文学を代表する、傑作長篇小説。

ISBN978-4-86182-803-4

戦下の淡き光　マイケル・オンダーチェ著　田栗美奈子訳

1945年、うちの両親は、犯罪者かもしれない男ふたりの手に僕らをゆだねて姿を消した——。母の秘密を追い、政府機関の任務に就くナサニエル。母たちはどこで何をしていたのか。周囲を取り巻く謎の人物と不穏な空気の陰に何があったのか。人生を賭して、彼は探る。あまりにもスリリングであまりにも美しい長編小説。

ISBN978-4-86182-770-9

名もなき人たちのテーブル　マイケル・オンダーチェ著　田栗美奈子訳

わたしたちみんな、おとなになるまえに、おとなになったの——11歳の少年の、故国からイギリスへの3週間の船旅。それは彼らの人生を、大きく変えるものだった。仲間たちや個性豊かな同船客との交わり、従姉への淡い恋心、そして波瀾に満ちた航海の終わりを不穏に彩る謎の事件。映画『イングリッシュ・ペイシェント』原作作家が描き出す、せつなくも美しい冒険譚。

ISBN978-4-86182-449-4

ヤングスキンズ　コリン・バレット著　田栗美奈子・下林悠治訳

経済が崩壊し、人心が鬱屈したアイルランドの地方都市に暮らす無軌道な若者たちを、繊細かつ暴力的な筆致で描きだす、ニューウェイブ文学の傑作。世界が注目する新星のデビュー作！　ガーディアン・ファーストブック賞、ルーニー賞、フランク・オコナー国際短編賞受賞！

ISBN978-4-86182-647-4

孤児列車　クリスティナ・ベイカー・クライン著　田栗美奈子訳

91歳の老婦人が、17歳の不良少女に語った、あまりにも数奇な人生の物語。火事による一家の死、孤児としての過酷な少女時代、ようやく見つけた自分の居場所、長いあいだ想いつづけた相手との奇跡的な再会、そしてその結末……。すべてを知ったとき、少女モリーが老婦人ヴィヴィアンのために取った行動とは——。感動の輪が世界中に広がりつづけている、全米100万部突破の大ベストセラー小説！

ISBN978-4-86182-520-0

ハニー・トラップ探偵社　ラナ・シトロン著　田栗美奈子訳

「エロかわ毒舌キュート！　ドジっ子女探偵の泣き笑い人生から目が離せません（しかもコブつき）」——岸本佐知子さん推薦。スリルとサスペンス、ユーモアとロマンス——一粒で何度もおいしい、ハチャメチャだけど心温まる、とびっきりハッピーなエンターテインメント。

ISBN978-4-86182-348-0

【作品社の本】

ユドルフォ城の怪奇　全二巻　アン・ラドクリフ著　三馬志伸訳

愛する両親を喪い、悲しみに暮れる乙女エミリーは、叔母の夫である尊大な男モントーニの手に落ちて、イタリア山中の不気味な古城に幽閉されてしまう（上）。悪漢の魔の手を逃れ、故国フランスに辿り着いたエミリーは、かつて結婚を誓ったヴァランクールと痛切な再会を果たす。彼が犯した罪とはなにか（下）。刊行から二二七年を経て、今なお世界中で読み継がれるゴシック小説の源流。イギリス文学史上に不朽の名作として屹立する異形の超大作、待望の本邦初訳！

ISBN978-4-86182-858-4、859-1

ヴィクトリア朝怪異譚

ウィルキー・コリンズ、ジョージ・エリオット、メアリ・エリザベス・ブラッドン、マーガレット・オリファント著　三馬志伸編訳

イタリアで客死した叔父の亡骸を捜す青年、予知能力と読心能力を持つ男の生涯、先々代の当主の亡霊に死を予告された男、養女への遺言状を隠したまま落命した老貴婦人の苦悩。日本への紹介が少なく、読み応えのある中篇幽霊物語四作品を精選して集成！

ISBN978-4-86182-711-2

ゴーストタウン　ロバート・クーヴァー著　上岡伸雄、馬籠清子訳

辺境の町に流れ着き、保安官となったカウボーイ。酒場の女性歌手に知らぬうちに求婚するが、町の荒くれ者たちをいつの間にやら敵に回して、命からがら町を出たものの――。書き割りのような西部劇の神話的世界を目まぐるしく飛び回り、力ずくで解体してその裏面を暴き出す、ポストモダン文学の巨人による空前絶後のパロディ！

ISBN978-4-86182-623-8

ようこそ、映画館へ　ロバート・クーヴァー著　越川芳明訳

西部劇、ミュージカル、チャップリン喜劇、『カサブランカ』、フィルム・ノワール、カートゥーン……。あらゆるジャンル映画を俎上に載せ、解体し、魅惑的に再構築する！　ポストモダン文学の巨人がラブレー顔負けの過激なブラックユーモアでおくる、映画館での一夜の連続上映と、ひとりの映写技師、そして観客の少女の奇妙な体験！

ISBN978-4-86182-587-3

ノワール　ロバート・クーヴァー著　上岡伸雄訳

“夜を連れて”現われたベール姿の魔性の女「未亡人」とは何者か!?　彼女に調査を依頼された街の大立者「ミスター・ビッグ」の正体は!?　そして「君」と名指される探偵フィリップ・M・ノワールの運命やいかに!?　ポストモダン文学の巨人による、フィルム・ノワール／ハードボイルド探偵小説の、アイロニカルで周到なパロディ！

ISBN978-4-86182-499-9

老ピノッキオ、ヴェネツィアに帰る

ロバート・クーヴァー著　斎藤兆史、上岡伸雄訳

晴れて人間となり、学問を修めて老境を迎えたピノッキオが、故郷ヴェネツィアでまたしても巻き起こす大騒動！　原作のオールスター・キャストでポストモダン文学の巨人が放つ、諧謔と知的刺激に満ち満ちた傑作長篇パロディ小説！

ISBN978-4-86182-399-2

【作品社の本】

黒人小屋通り

ジョゼフ・ゾベル著　松井裕史訳

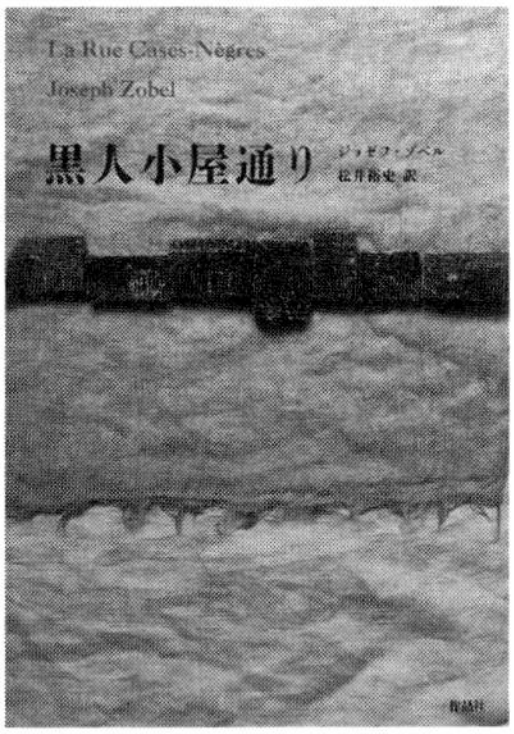

ジョゼフ・ゾベルを読んだことが、どんな理論的な文章よりも、私の目を大きく開いてくれたのだ
――マリーズ・コンデ

カリブ海に浮かぶフランス領マルチニック島。農園で働く祖母のもとにあずけられた少年は、仲間たちや大人たちに囲まれ、豊かな自然の中で貧しいながらも幸福な少年時代を過ごす。『マルチニックの少年』として映画化もされ、ヴェネツィア国際映画祭で銀獅子賞を受賞した不朽の名作、半世紀以上にわたって読み継がれる現代の古典、待望の本邦初訳！

フランス語圏カリブ海マルチニック島出身の作家ジョゼフ・ゾベルの『黒人小屋通り』は一九五〇年に出版され、カリブ海文学の基本書として半世紀以上経った今でも読み継がれている現代の古典である。実際フランス語圏カリブ海アンティルで最も読まれるのが『黒人小屋通り』であり、さらにフランスやアメリカの大学では「フランス語圏文学」の必読リストのトップに挙がる。カリブ海文学だけではなく、アフリカやマグレブなども含めたフランス語圏文学全般の入門書に当たるといっても過言ではない。自伝的小説で、少年の視点から語られており、語り口も比較的やわらかく、あらかじめ知識がなくとも抵抗なく読むことができるからである。（「訳者あとがき」より）

ISBN978-4-86182-729-7

【作品社の本】

朝露の主たち

ジャック・ルーマン著　松井裕史訳

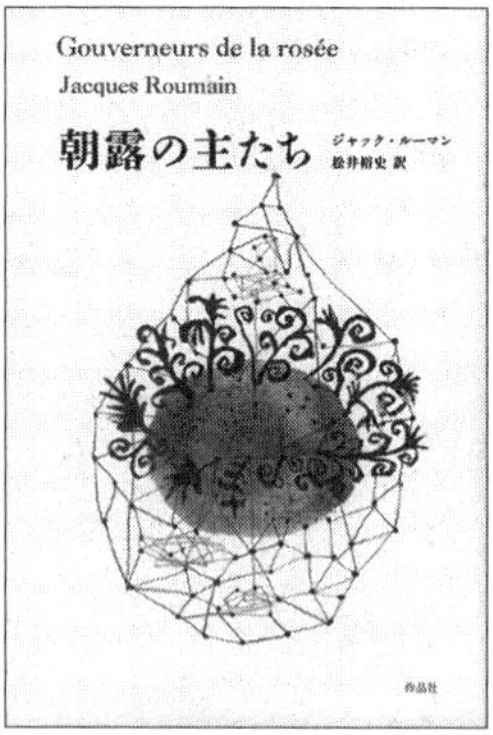

今なお世界中で広く読まれるハイチ文学の父ルーマン、最晩年の主著、初邦訳。
15年間キューバの農場に出稼ぎに行っていた主人公マニュエルが、ハイチの故郷に戻ってきた。しかしその間に村は水不足による飢饉で窮乏し、ある殺人事件が原因で人びとは二派に別れていがみ合っている。マニュエルは、村から遠く離れた水源から水を引くことを発案し、それによって水不足と村人の対立の両方を解決しようと画策する。マニュエルの計画の行方は……。若き生の躍動を謳歌する、緊迫と愛憎の傑作長編小説。

「今後われわれの地に花開くすべての偉大なハイチ人は、彼に何かを負わないことはありえない」　——ジャックステファン・アレクシ（ハイチの作家）

「ジャック・ルーマンはハイチの集落にギリシャ悲劇を導入した」
——ルネ・ドゥペストル（ハイチの詩人）

「ハイチだけでなくアンティル諸島全体で、一九五〇年代に成人に達した世代にとってバイブルのような作品」
——パトリック・シャモワゾー、ラファエル・コンフィアン『クレオールとは何か』

ISBN978-4-86182-817-1